現代教育の思想水脈

発刊にあたって

『現代教育の思想水脈』編集代表　服部進治

全国民主主義教育研究会（略称全民研）は一九七〇年八月に、東京の旅館で発足大会を迎えました。発足の時代的背景については、初代事務局長の高野哲郎氏が機関誌『民主主義教育21』Vol.4（二〇一〇年五月、同時代社刊）のインタビューで詳しく述べています。したがって二〇一〇年七月の全国大会が創立四〇周年にあたります。

全民研は、「平和で民主的な社会の主権者を育てる政治教育の実践・交流・研究」を目的とした民間教育団体（日本民間教育研究団体連絡会加盟）です。こうした領域を中心に据える民間の教育団体がなかったこともあり、現場の教員には大きな反響を呼びました。各方面に最も注目され、研究団体として広く認知されるきっかけを為したのが、七三年ほるぷ教育開発研究所から発行された『学習資料・政治・経済』と翌年発行された『学習資料・倫理・社会』の編集でした。他社の資料集はもちろん教科書の内実にも影響を与えました。日々の教育実践を基礎にした編集方針が斬新だったのです。

今日全民研は、高等学校の「政治・経済」「倫理」「現代社会」を中心とした「公民科」および小学校、中学校の「社会科」「道徳」についての研究ならびに実践の交流をおこなっています。

会則の「目的」にある「政治教育」については、一人ひとりの生徒・子どもたちが憲法に根ざした民主主義的な人間観を確立できることを、私たちはまず第一に願っています。この人間観と、社会を「科学的に認識できる力」、そして「主権者としての行動能力」の三者は相互に深く関わっており、どれも一つだけでは独立しては存在し得ないと考えています。機関誌『民主主義教育』創刊号の巻頭言には、「全民研発足にあたって」という一文が掲載されています。以下にその要の部分を紹介しておきます。「民主主義社会の基礎は（中略）国民のひとりひとりが聡明であればあるほど好ましいのであり、民主主義社会における教育の任務は、まさにそのことの実現にあるはずです」。

本書では、そうした人間観を支える思想・哲学の分野に特化して、全民研の全国大会でこれまで語られた記念講演と機関誌への寄稿論文を掲載しました。各章の講演・論稿は、全民研の機関誌『民主主義教育』『未来をひらく教育』そして『民主主義教育21』（二〇〇七年から年報）に発表されたものです。

お招きした各界のそうそうたる講演者の論稿をあらためて味読するならば、教育の課題を越えて、現代を生きる私たちの生き方そのものに具体的な指針を与えてくれるものであると確信しています。

紙幅の関係で、機関誌に掲載されたすべての講演や論稿を掲載できなかったことは大変残念ですが、本書を手にされた現場の教員、保護者、地域の市民のみなさんが、生活と社会のあり方を考え、問いを発し続けるための有効な手がかりになることを願ってやみません。

最後に、四〇年という区切りにかかわって歴代の会長の任期と機関誌の変遷を記しておきます。敬称は略します。

・一九七〇年八月〜一九八六年七月　古在由重
・一九八六年八月〜一九九〇年七月　古田光
・一九九〇年八月〜一九九六年七月　宇田川宏
・一九九六年八月〜現在　浅井基文

・『民主主義教育』創刊号（一九七〇年七月）～四九号（一九八二年一〇月）ほるぷ教育開発研究所発行
・一九八三年六月　学術刊行物に認可される
・五〇号（一九八二年一一月）『未来をひらく教育』へ名称変更、発行が地歴社へ変わる～六五号（一九八六年七月）
・六六号（一九八六年一〇月）以降発行が同時代社へ変わり、現在に至る～一三九号（二〇〇六年五月）
・二〇〇七年五月～年報に変わる。『民主主義教育21』へ名称変更。「Vol.1」が『民主主義教育』創刊号以来、通巻一四〇号となる。
・二〇一〇年五月『民主主義教育21』VOl.4、通巻一四三号発行、現在に至る。

現代教育の思想水脈／もくじ

第二章　社会科教育の思想

第三章　平和の思想

第一章

政治思想

憲法第九条の政治哲学的意味…………加藤節

【解説】

この講演は、機関誌「未来をひらく教育」第一三八号に収録。二〇〇五年七月三一日箱根成蹊学園寮大会（第三六回大会）にての講演である。

加藤節氏は一九四四年生まれ、成蹊大学教授、専攻は政治哲学・政治学史である。著書に『近代政治哲学と宗教』『ジョン・ロックの思想世界』（以上、東京大学出版会）『政治と人間』『政治と知識人』（以上、岩波書店）『政治学を問いなおす』（筑摩新書）などがある。

当時、小泉内閣のもと「憲法改悪」・「教育基本法改悪」という政権党のプログラムが進行している中、「九条の会」の一員としての加藤氏は全民研全国大会において、ある種の「ミッション」をもって講演テーマを選んでいただいたのだと思う。

氏が述べたセンテンスの中で、「改憲派は、現実主義を標榜しながら、憲法の平和主義がその道義性ゆえにもちうるリアリズムには盲目である」、「いかなる抽象的な理念でも、具体な政治的現実の反映という側面」をもつが「他方政治的な理念が新しい現実を作り出す作用を果たす面も見逃されてはならない」が印象的であった。

氏がシャープに力強く語っていくセンテンスを聞きながら、相対する考えをもつ人々を前に、どう論理を組み立てていくか、批判的思考というのはこういうものだ、ということを学ぶことができたと記憶する。

二〇〇七年、加藤氏はロックの *Two Treaties of Government* を第一論文（王権神授説批判）を含めて『統治二論』（岩波書店）として完訳した。また二〇〇九年五月、福田歓一の論稿を『デモクラシーと国民国家』として編集する。この本の編者あとがきにおいて、福田歓一の政治学から後の世代が引き継ぐべき遺産は、「原理をもって現実に批判的に立ち向かい、理念によって現実を越えようとする理想主義的批判主義の立場」とし、「福田が南原繁や丸山（眞男）から継承したこの国の戦後政治学におけるもっとも優れた水脈をないしている」と主張する。箱根での講演は、まさに「優れた水脈」の系譜に連なる後継者としての自負をもつ講演であった。

（山﨑裕康）

岐路に立つ憲法九条

かつて、丸山眞男は、一九六四年の時点で、戦後の改憲論の歴史を振り返りながら、「改憲問題は、第九条が政治問題化したところから発していることを忘れてはならない」と述べたことがございます。このところ勢いを増しつつある改憲論についても、丸山のこの指摘は、あたかも「構造としての歴史は繰り返す」という命題の正しさを実証するかのように当てはまると思います。現在の改憲論の主たるねらいも、結局は、明文改憲によって第九条を葬ることにあるからです。

しかも、事態は、丸山の時代よりも決定的に深刻になっております。九条を死守しようとする護憲派は、政党、財界、労働組合、ジャーナリズム、知識人、そして国民のどのレヴェルで見ても、決して多数派ではない位置に追いやられつつあると言わなければならないからです。その意味で、改憲論の台頭を抑え、それが政治日程に上ることを阻止するだけの勢力が実在していた丸山の世代には、「やれるものならやってみよ」という楽観を許す部分がどこかにあったのに対して、われわれの世代は、そういう居直りが致命的になる状況に直面していることを肝に命じなければならないと思います。

そうした立場に立って、これから、改憲派の思考様式の矛盾にふれながら、憲法第九条の政治哲学的意味を、特に「平和主義」と「ナショナリズム」という二つの視点から考えてみたいと思います。これら二つは、「戦争と平和」の問題が問われ、それに関連して「ナショナリズム」の問題に直面している現代の政治哲学が避けて通ることのできない重要な課題をなしており、日本国憲法第九条にはその課題を解くための貴重な示唆が含まれているからです。

九条と平和主義

◎改憲派の三つの思考様式

現在に至るまで、九条を標的とする戦後日本の改憲論は次のような三段論法に依拠してきました。第九条の平和主義は理念としては正しい、しかし、現に「戦争がある」限り、その現実に軍事的に備えることは生存権をもつ主権国家として当然のことである、従って、九条を改定して「戦力」の保持を合憲化することも自明の理ではないかとの論法がそれであります。改憲派のこうした論法について、三つの思考様式を指摘することができると思います。理念と現実とを二元論的に区別する態度、戦争を手段として日本の防衛を図ろうとする軍事優先的思考、そして、一国平和主義的な志向性がそれであります。しかし、改憲論に特有なこうした思考態度は、憲法九条の平和主義がもつ可能性を閉ざすものであると思います。

◎理念と現実

いかに抽象的な政治的理念でも、具体的な政治的現実の反映という側面をもちます。例えば、正義のイデアを掲げ、それを教える哲人王の理想を説いたプラトンの政治哲学が、デモスの圧力がソクラテスを死に追いやるような不正義が横行する紀元前四世紀のアテナイの現実へのプロテストであった事実がそれを示しております。しかし、他方で、政治的理念が新しい政治的現実を作り出す作用を果たす面も見逃されてはならないと思います。ピューリタン革命に始まる殆どの近代革命の場合、政治革命を思想革命が主導した事実がそれを暗示しております。ただし、その場合にも、理念が自動的に政治的現実を作り出すわけではありません。理念を実現しようとする人間の主体的な努力なしに、理念は現実化しないからであります。その点で、私は、例えば、正義に基づく永久平和を政治的価値理念として掲げた上で、政治社会の「構成員」としての国民に対して、「現実を価値に近接せしめる努力」を求め、「理想的政治社会の建設」に努めることを要求した政治哲学者南原繁の立場に完全に同意いたします。

政治思想における理念と現実とのこうした関係は、日本国憲法の平和主義の場合にも当てはまります。日本国憲法は、平和主義を単なる観念的な理念としてだけ謳いあげたわけではなく、日本国民に、「戦争がある」という現実に立ち返り、それを平和的現実へと変革することを求める実践的な理念として平和主義を唱えているからであります。その場合、平和主義の理念の実現に努めるべき義務を第一義的に負うのは日本政府であります。そのうち、政府の義務としてもっとも重要なのは、国際的には、核兵器を頂点とする大量破壊兵器の廃絶を究極目標とする軍縮の実現と、国際紛争の平和的解決とに努めること、国内的には、紛れもない「戦力」として違憲状態にある自衛隊の改編を図ることにほかなりません。

その際、日本政府は、後者、すなわち自衛隊の改組に関連して、次のような構想を真剣に考慮すべきだと思います。日米安保条約を破棄した上で、国連の指揮の下に「国際の平和及び安全の維持」に当たる常設の部隊の設置を呼びかけて自衛隊の一部をそれに振り向け、自衛隊の他の部分は、国際的、国内的な防災救助に当たる部隊へと組織替えするといった構想がそれであります。

しかし、平和主義の理念の現実化に努めるべき最終的な義務は、主権者として政府の政策決定を監視する役割をになう日本国国民全体が負わなければなりません。しかも、国民全体にとって、その義務の遂行は死活的な意味をもっております。国民は、政府の政策を平和主義の方向へと変更させることなしに戦争の間接的な加害者および直接的な被害者たる地位を脱しえないからであります。憲法前文が、「日本国民」は、「政府の行為によって再び戦争の惨禍が起ることのないやうにすることを決意し」とした理由はそこにあります。

このように、憲法九条は、政府と国民との双方に対して、「戦争がある」という現実を平和的現実へと変革し、人類の理念としての平和主義を現実化すべき義務を課しております。その点に注意する限り、平和主義の理念は理念、それから遠い現実は現実として両者を二分化し、専ら「戦争がある」現実にのみ備えようとする改憲論者の思考様式は、日本国憲法に込められた精神の意味を著しく矮小化しているとするほかはありません。そうした矮小化は、改憲派の軍事優先的思考態度にも看取することができます。

◇平和主義のリアリズム

日本国憲法の前文は、「全世界の国民」が「平和のうちに生存する権利を有する」ことを確認しています。従って、日本国民もまた、主権国家の構成員として、自らの生存権を侵害しようとする外部勢力に対して抵抗し自衛する基本的な権利を持っております。

しかし、憲法九条は、自衛権の行使に当たって戦争を手段とすることを認めておりません。その意味で、日本国憲法の大きな特質は、生存権に由来する自衛権を認めながら、その権莉を「戦力」に訴えて行使することを否定する点に求められます。しかも、そこにこそ日本国憲法の人類史的な画期性がありました。絶対主義を下からの革命によって葬った近代国家が、しかし、例外なく、他国に対する自国の軍事主権を自明視してきたなかで、日本国憲法は、軍事的手段によってではなく、平和的手段によって生存権を守ろうとする立場を宣言した点で稀有な例をなしているからです。その場合、日本国憲法は、受動的にはサボタージュに代表される非暴力的な抵抗を、より能動的には国際紛争の平和的解決を目指す政治的な外交努力を、生存権を確保するための手段として想定していると言ってよいかと思います。

しかも、日本国憲法の平和主義は「戦争がある」現実のなかであまりにも非現実的であるとする改憲派の主張にもかかわらず、九条には平和主義に徹することがもちうる深いリアリズムがあることを見失ってはなりません。日本国憲法には、徹底的な平和主義が生みだす高い道義性に賭けて国際社会の支持を獲得し、その力に依拠して日本の安全と防衛とを図ろうとするリアルな「平和への戦略」が認められるからであります。「日本国民は……平和を愛する諸国民の公正と信義に信頼して、われらの安全と生存を保持しようと決意した」との憲法の前文は、平和主義の否定し難い道義性に由来するそのようなリアリズムに支えられていると言ってよいかと思います。

しかし、改憲派は、現実主義を標榜しながら、憲法の平和主義がその道義性ゆえにもちうるリアリズムには盲目であります。そうした逆説は、改憲派に顕著な一国平和主義批判についても指摘できるかと思います。

◎改憲論と一国平和主義

まず指摘すべきは、湾岸戦争以降、改憲派が、常に自衛隊の海外派兵を中心とする軍事的な国際貢献の必要性を主張してきたことです。しかし、改憲派のこうした論理に一国平和主義的思惑が潜むことを見逃してはならないと思います。それを貫くのは、世界平和への純粋な関心ではなく、アメリカの世界戦略への無条件な協力を同盟国アメリカによる日本の防衛の見返りとしようとする利己的な打算にほかならないからであります。

第二の問題は、仮想敵国の想定に関わります。周知のように、改憲派は、冷戦期には旧ソ連邦を、冷戦終焉後は北朝鮮を日本の主たる仮想敵国として想定してきました。しかし、こうした仮想敵国という概念もまた、二つの面で改憲派の一国中心的な志向性を示しております。その概念は、第一に、アメリカ追随主義や植民地主義の未清算といった旧ソ連邦や北朝鮮の敵国性を醸成してきた日本側の負の要因への真摯な自己反省を棚上げし、その結果、第二に、悪としての仮想敵国と無辜《むこ》な日本という主観的な図式に依拠しつつ、悪からの自国の防衛を最高善と断定する点に特質をもつからです。

第三に、国際化への鈍感さが改憲派の一国平和主義を生みだしている点も見逃されてはならないと思います。言うまでもなく、日本国政府は、自国民の生命と財産との保護に責任を負っております。しかし、その責任を果たす地理的な場は、日本国内に限られるわけではありません。国際化の時代にあって、国民の生命と財産とがグローバルな規模で守られなければならない状況が生まれているからです。その意味で、日本国政府は、国民の生命と財産とを保護するためにも、世界のあらゆる場所で戦争や内戦や地域紛争の解決に積極的に取り組み、世界平和の実現に努力しなければならないと思います。しかし、改憲派は、そうしたグローバルな平和戦略の推進には消極的であって、その結果、

「戦力」の行使による地理的な意味での自国の防衛を優先させる一国平和主義に陥っていると言わなければなりません。

憲法とナショナリズム

◎問題の整理

ナショナリズムを一義的に理解することは容易ではありません。例えば、ナショナリズムは、極端な国粋主義に基づく病理的な超国家主義に必然的に至り着くものとして批判や呪詛の対象になってきました。しかし、他方で、それは、身分や階級の差異を克服して国民国家を統合する原理としての「健全さ」を指摘されることもあります。また、最近では、ナショナリズムが、「国民 nation」と「民族 ethnic group」との概念的区別に立って、近代国民国家の統合原理としてではなく、逆に、多民族国家としての国民国家を内側から解体する可能性をもつ「自民族中心主義 ethno centralism」や「自民族主義 ethno nationalism」や「下位ナショナリズム infranationalism」を指して用いられることも少なくありません。他方で、国民国家を外側から相対化するリージョナリズムに立つヨーロッパ連合の統合原理に「上位ナショナリズム supranationalism」の名を冠し、環境問題のような国境を越えるグローバルな課題に取り組む動きを指して「ナショナリズム超越主義 trancenationalism」と呼ぶ用法も目につきます。

　このように、ナショナリズムは、はなはだ多義的で多層的な観念であります。その点に注意する限り、ナショナリズムについて論じる場合には、それをいかなる意味で用いるかを予め定義しておくことが不可欠であると言ってよいかと思います。そうした視点に立って、ここでは、ナショナリズムを次のように定義することにいたします。

◇定義

　特に日本国憲法との関連でナショナリズムの定義を試みる場合、大変参考になる指摘があります。それは、丸山眞男の次のような問題提起です。「第九条の問題を考えるに際して、『国民的な誇り』とは何かといった問題をこの際もう一度反省してみることが必要ではないか」。私は、丸山のこの問題提起に沿って、ナショナリズムを、端的に、政治社会の構成員がもつ「国民的な誇り」の感情と定義することにしたいと思います。私のこの定義は、例えば、ナショナリズムを、「政治的な単位と民族的な単位とが一致しなければならないと主張する一つの政治的原理である」としたアーネスト・ゲルナーの定義に比べて極めて単純であります。

　しかし、私の定義は、少なくとも、ナショナリズムをめぐる改憲派と護憲派との対立点を見極めるための引照枠組みとして大変便利であると言ってよいかと思います。何に対して「国民的な誇り」の感情を抱いているかに注目することによって、改憲派と護憲派との対立構造を明確にすることができるからであります。

◇改憲派のナショナリズム

丸山眞男の言うように、「ほとんどの改憲論者、とくに非武装条項を攻撃する人々は同時に日本固有の国柄とか、民族の特殊性とか伝統を非常に強調し、現行憲法にそういう面が乏しいことを慨歎する人々であ」ります。こうした事情は、丸山の時代を引き継いで現在の改憲派にまで及んでおります。最近の改憲論者にも、日本民族の「歴史や伝統」あるいは「文化」の固有性を主張する文化的ナショナリストが少なくないからであります。その背景に、グローバリズムが生みだす文化の混交や無国籍化に対する保守的な心情的反撥があることは言うまでもありません。

しかし、日本民族の文化や伝統に固有性を認め、それに「国民的誇り」の対象を見出そうとする文化的ナショナリズムが、改憲派のナショナリズムの全てではありません。改憲派には、日本が明文上「戦力」の保持と行使とを認める憲法体制をもつことに国家的威信と「国民的な誇り」とを見出そうとする軍事的なナショナリズムへの強い傾斜が認められるからであります。それには歴史的理由がありました。改憲派が、湾岸戦争時、九条の制約下に自衛隊の海外派兵が見送られたことに国家的屈辱を覚えたことがそれであります。このように、改憲派のナショナリズムは、「国民的な誇り」の対象を、日本の文化や伝統に、しかし、それ以上に、「戦力」の保持と行使とを合憲化する国家としての日本のあり方に求める一国志向的で軍事的なものであると言ってよいかと思います。改憲派のこのようなナショナリズムには、丸山も皮肉ったように、「国民的個性」を本来的に質的な伝統や文化に見出そうとする質的思考と、「(量的な)軍備とか戦力を中核として国民的自主性とか、民族的な誇りを考える」量的思考との矛盾が認められます。しかし、その点よりも重要なのは、そうした改憲派のナショナリズムが、日本国憲法が想定するナショナリズムの対極にあることにほかなりません。

◇日本国憲法のナショナリズム

戦後の日本において、日本国憲法そのものをナショナリズムという観点から考察する作業はあまりなされてきませんでした。それには、おそらく二つの理由があったと言ってよいかと思います。一つは、階級差を民族差に優位させるマルクス主義者は別として、戦後、天皇制ファシズム下の超民族主義（ultra nationalism）からの決別を特に強く意識していた護憲派やリベラル派の間に、ナショナリズムについて論じること自体に一種の心理的抵抗があったように見受けられることです。そして、もう一つは、日本国憲法が、基本的人権、国民主権に基づくデモクラシー、平和主義といった普遍的な理念を掲げている点で、国民的個性や民族的特殊性といった個別価値に力点を置くナショナリズムを超越するものとみなされてきたことであります。

しかし、われわれは、こうした態度から自由になることがむしろ望ましいように思います。日本国憲法は、第一に、先に定義した意味でのナショナリズムの契機をもっており、第二に、普遍と個別とを結合し、普遍的理念を体現することにこの国の国民的個性を見出そうとする志向性を秘めているからであります。

まず、日本国憲法がもつナショナリズムの契機は、その前文が、「われら」は、「国際社会において、名誉ある地位を占めたいと思ふ」と述べている点にもっとも明確に示されております。それは、日本国憲法が、国際社会において「名誉ある地位」を占めることを「国民的な誇り」とするナショナリズムに立つことを宣言したものにほかならないからであります。その点で、日本国憲法はナショナリズムと無縁ではありません。

しかし、日本国憲法が想定するそのナショナリズムは、改憲派の軍事的で一国的なナショナリズムの対極をなしております。日本国憲法のそれは、自ら平和を愛する国民となること、「専制と隷従、圧迫と偏狭を地上から永遠に除去しようと努めている国際社会」に連なることの二点に「国民的な誇り」を寄せようとする平和的で、国際的に開かれたナショナリズムであるからです。しかも、そこから、日本国憲法のナショナリズムの第二の特徴、すなわち、普遍と個別との結合を図ろうとする視点が導かれます。「恒久の平和」の実現に努め、「専制と隷従、圧迫と偏狭」の克服という「政治道徳の法則」に献身することに国民的な「名誉」を求める日本国憲法のナショナリズムは、ともに普遍的な平和主義の理念と「人間相互の関係を支配する崇高な理想」とを体現することに日本の国民的個性を見出そうとしていると言ってよいからであります。

結論

以上みてきたように、日本国憲法第九条は、平和へのリアルな戦略と、普遍性へと開かれたナショナリズムへの展望とを秘めております。その点で、憲法九条が、戦争やテロリズムが常態化し、狭隘なナショナリズムが例えば「自民族中心主義」の形で横行する現代世界の状況を克服するための確かな指針をなすことに疑いの余地はありません。そう考えるとき、日本国憲法第九条がもつそうした可能性を否定してそれを破棄することは、歴史に取り返しのつかない汚点を残す愚挙だと言うほかはないと思います。それは、平和を求め、開かれたナショナリズムの共存を目指すべき人類の未来を閉ざすことにつながっているからです。しかも、憲法九条を改定して自衛隊を合憲化することは、アジアの国々に再び日本脅威論を引き起こすことになると思います。それは、アジアに向き合って生きるべき日本の国家利益の面でも愚かなことであります。

このように、日本国民にとって憲法九条を破棄することが、人類史の上でも、アジアの中における日本の進路にとっても決して賢明な選択ではないことに加えて、私が憲法九条の改定に反対するもう一つの理由があります。それは、国家の最高規範としての憲法の改定がもつ危険性ということに他なりません。言うまでもなく、憲法は国家の基本原理を定式化したものであります。その点で、憲法九条の平和主義を破棄することは、第二次世界大戦への反省の上に出発した戦後日本の政治社会に質的な変容をもたらすことに通じております。従って、憲法九条の改定を許すことは、日本が、国民主権を制限して天皇を国家元首とし、国家に先立つ権利としての基本的人権よりも国家に服従する国民の義務を優位させるような危険な方向に進む可能性を開きかねません。憲法第九条改定の動きが、例えば、教育基本法改定の動きと連動している事実がそれを暗示しております。その点で、戦後六〇年を経て出現しつつある現実が、戦前のアンシャン・レジームにこの国を復帰させようとする動きであることに、私は、戦後の日本が目指してきた近代化や民主化が重大な岐路に立っていることを感じます。この岐路を前にして、保守派がねらうそうした旧体制への方向を阻止するためにも、私は、心ある人々とともに、戦後日本の政治社会が進むべき道の象徴であり続けてきた憲法第九条の改定にこれからも反対し抜いて行きたいと思っております。その点を結論として、私の報告を終わります。ありがとうございました。

神の国発言と草の根国家主義……………………岩井忠熊

【解説】

この論文は、機関紙「未来をひらく教育」一二三号（二〇〇一年春刊行）に掲載された。本論文が出される一年前、五月一五日に神道政治連盟国会議員懇談会において当時の森喜朗総理の挨拶に現れた、「日本」は「まさに天皇を中心としている神の国である」という発言に関連しながら、現在に至る日本の歴史とその中に流れる神道のたどった経緯を視野に入れて書かれている。

著者の岩井忠熊氏は一九二二年生まれ、立命館大学名誉教授、専攻は日本近代史である。ご自身の戦争体験も踏まえた、近代における天皇制と戦争に関する多数の著作を出しておられる。なお日本文化論に関わる京都での研究会で、何度か私は氏と同席する機会があった。

しばしば「日本人は無宗教である」といわれ、一神教が持つ一つの真理への指向性は希薄であるといわれる。外来の宗教に対して、深入りを避ける一方で、表層の部分をこだわりなく受け入れ、複数を混合したり並存させたりする特質として、それは肯定的に考えられてきた。だが人類が多様な宗教を歴史の中で形成し、今日もその強い影響がある事実に目をむけ、それを熟知しておくことが欠けるなら、そうした鷹揚さは、単なる熟慮なき人のよさに過ぎない。

本論文の明らかにされている、日本神道の歴史、特に国家神道体制の出現により、それまでの鎮守に代表される多様な土着の神が統廃合され、侵略戦争へと草の根的に国民が参画していった歴史的経緯は、高等学校の授業の中（倫理か日本史）で必ず生徒に知ってもらいたいポイントであると改めて思わされる。

（大塚賢司）

「神の国」発言と日本国憲法

森喜朗首相は就任早々の昨年（二〇〇〇年）五月一五日に「日本の国、まさに天皇を中心としている神の国であるぞということを国民の皆さんにしっかりと承知をして戴く、その思いでですね、私達が活動して三〇年になったわけでございます」と発言して物議をかもした。その場は神道政治連盟国会議員懇談会結成三〇周年祝賀会である。森首相はそこで三〇年の活動歴を語っているのである。神道政治連盟とはいかなる組織か。宗教法人神社本庁の機関紙「神社新報」が編集・発行した『増補改訂近代神社神道史』（一九九一）によれば、七〇年安保問題をめぐる大学紛争の激化にさいして「国民精神の昂揚」のために「神社本庁時局対策委員会」が設置され、併行して神社本庁内に神道政治連盟組織準備委員会ができて、六九年一一月八日に神道政治連盟が発足したという。その「綱領」は第一に「神道の精神を以て日本国国政の基礎を確立せんことを期す」とある。してみると神道政治連盟とは宗教法人神社本庁の政治活動をになう団体といって過言ではあるまい。

いうまでもなく日本国憲法は信教の自由と国の宗教活動の禁止を定めている。念のため条文をあげよう。

第二〇条　信教の自由は、何人に対してもこれを保障する。いかなる宗教団体も、国から特権を受け、又は政治上の権力を行使してはならない。

何人も、宗教上の行為、祝典、儀式又は行事に参加することを強制されない。

国及びその機関は、宗教教育その他いかなる宗教的活動もしてはならない。

そこには戦前期日本で国家神道がはたした役割の反省にかんがみ、個人の信教の自由（信じない自由をふくむ）を無条件で認め、国家とその機関が一切の信教に対して中立を保つべきことが明示されているといえよう。

このような憲法の条文を前提として考える時に、宗教法人神社本庁がいかなる宗教的主張をおこなおうとまた神道政治連盟が「神道の精神」を国政の基礎とするために活動することもまた自由であるといえる。もちろん「神道の精神」と特定宗教である「神道」との差異いかんには微妙な問題があることは否定できない。というのは神道とくに宗教法人神社本庁の教義はその庁規に「神宮は神社の本宗とし本庁之を輔翼す」とあるだけでほかにとくに教義を説いていないからである。神社本庁は単立の宗教法人である神社が連合してできた宗教法人であり、伊勢の神宮を本宗とするといっても、各神社はそれぞれの祭神と教義また歴史的由緒をもっているから、それらを総合した教義を定めることはほとんど不可能とするほかない。神道政治連盟が「神道」そのものを正面にかかげることをせずに、「神道の精神」というあいまいな表現をせざるをえなかったことには理由があったわけである。同時にそのあいまいな表現によって神道政治連盟の政治活動の目標が政教分離規定への違反ではないという弁解の余地をのこしたといえる。宗教法人神社本庁のいう神道そのものでなく、「精神」を強調することで、いわば神道の倫理的・道徳的感化力を政治に実現することを目的とするのだということができるわけだ。

しかし森首相はその発言の中で先にもあげた通り「いま私は政府側におるわけでございますが、若干及び腰になることをしっかりと前面に出して、日本の国、まさに天皇を中心としている神の国であるぞということを国民の皆さんにしっかりと承知して戴く……」（傍点筆者）といっている。自分みずからが「神道」の道徳にしたがって政治活動をしようというのではない。有力政治家はとかくスキャンダルにまみれていることは世間周知であるから、ここで道徳的反省をしようというのなら殊勝なことだ。だが首相の地位にある、「政府側」のトップの座にある森という人物が、「国民の皆さんにしっかりと承知をして戴く」と述べているのだ。森首相は若い頃から文教族の一人として目されてきた。森内閣の目玉のひとつが教育改革国民会議であり、その方針は教育改革に日本の「文化と伝統」の重視を強調している。その「文化と伝統」が、「天皇中心の神の国」とどうかかわっているのか。それこそが問題なのである。「天皇を中心とする神の国」はまさしく神社本庁の神道理解の中心概念と一致し、首相がそれを国民に「承知をして戴く」ために行動したとすれば、それは明らかに憲法の政教分離規定に違反し、さらにその第九九条「天皇又は摂政及び国務大臣、国会議員、裁判官その他の公務員は、この憲法を尊重し擁護する義務を負ふ」にも反するといわねばならないだろう。

さらに森首相の発言で無視できないのは「やはり鎮守の森というものがあって、お宮を中心とした地域社会というものを構成していきたい」「皆さん方で勇気をもって今の子ども達の社会にもっと神様とか仏様とかということを、そうしたことをしっかりですね、体で覚えてゆく、そうした地域社会を作り出す、秩序ある地域社会を作り出す、そのためにますます皆様方が御活躍を下さいますよう」というくだりが続いていることである。それは神道議員連盟という場での単なるリップサービスとして見のがしえないだけの歴史的・具体的な背景があるからだ。

日本近代史の中の集落神社

鎮守とかお宮とかいえば、ふつうは土地の神、村の守護神をいう。氏神といってもいい。要するにはじめから神々の体系があったわけではなく、その土地の産土《うぶすな》神や祖先神をまつった社《やしろ》であった。後代に公権力や何某神道と称する神道家たちによって、それぞれの神々の体系の下部に取りこまれ、位置づけられた。したがってその神事の内容もそれぞれに独自である。現在の集落神社＝鎮守の神事も、明治以後の国家統制の影響で相当に画一的であるが、なお「特殊神事」として認められざるをえないほどおのおの独自性をもっている。その独自性のもとに、村民、地域の自主性が公権力や神道組織から一定の距離を保つことを可能にしたのである。封建時代に鎮守が一揆の「一味神水」の場となったことはまれでない。近くは自由民権期の秩父事件において、峰起した農民たちの結盟の場でもあった。近世の村の中には領主によっても完全にコントロールできない農民の社会生活が存在し、鎮守はしばしばそのような場であった。だから領主たちは鎮守の祭礼についてもさまざまの制限や禁令を出して、その統制につとめたのである。しかし明治維新政府は神仏分離の強行とともにこのような鎮守の積極的利用によってそのイデオロギー的支配の貫徹に役立てようとした。

神道国教化政策の挫折は広く知られているのでくわしく説明することはさけよう。だが忘れられがちなのは一八七一（明治四）年に神社の社格制定と氏子調べ制の新設がおこなわれたことである。前者は官・国弊社の下に郷社・産土社を置くものであり、後者は新生児が産土社に詣って守札を受け、死亡のさいに守札を神社にかえすという制度である。戸籍改めや移住に際しても守札が必要という、一種の戸籍制度である。社格は基本的にはその後も現在まで維持されてきたが、氏子調べ制度は七三年に廃止された。そもそも鎮守社に行政事務をになう能力などあったわけではなかったから、廃止に追いこまれたのは当然だったといってよい。明治前期には神道界の内部対立がはげしく、制度もなかなか一定しなかったが、鎮守はその対立の外にあって、かえって無事であったといってよい。

鎮守が国家によって新しい意義をになわせられたのは、明治四〇年代から推進された内務省の地方改良運動によってであった（宮地正人『日露戦後政治史の研究』東京大学出版会、一九七三年）。日露戦後の地方財政の疲弊からの脱却策と幸徳事件を期とする戊申詔書発布（一九〇八年）による国民思想の引き締めを背景として、部落有林野の統合による町村基本財産の造成、部落割拠の精神的よりどころとなっている社祠の村社への合併、および農事改良策が強行されたのである。その際、これまで鎮守とされてきた社の一部が整理され、すでに村社の社格を認められてきた鎮守が浮上する等の結果が認められるが、古い特殊神事や村の慣行が一種の陋習として廃止されることがあり、かわりに国家的祝祭が村社や村民の行事として強制された。多くの町村が以上の主旨にもとづく「町村是」を制定し、町村民がその実行を鎮守の社頭で誓わされるという例が多くなった。こうして鎮守は国家的統制の下での国民思想教化の場に利用されていったのである。

鎮守はやがて国家的目的のために国民を思想動員するための重要な場とされていく。昭和初期の大恐慌の下で、折からの超国家主義・農本主義的動向の高揚を背景に、特に軍部と農政・内務官僚の強い要求によって一九三二（昭和七）年から農山漁村経済更生運動が展開された。しかし高橋是清蔵相らはあらたな予算支出を極度に抑制したので、その運動は自力更正・隣保互助を宗とする精神運動の色彩を強めざるをえなくなっていく。こうして農山漁村の村民はまたしても鎮守の社頭で自力更正・隣保互助のための生活引き締めの諸策を誓わされるということになった。この運動の末期に日本は日中全面戦争に突入し、やがてアジア太平洋戦争に発展すると、鎮守の社頭は入営・応召者の武運長久や戦勝祈願の場となり、興亜奉公日や大詔奉戴日の儀式・祈願・宮城遙拝の場となっていく。

もちろん、鎮守への参詣がいつもこのような国家主義的意義をもった祈願であったということはできない。表向きの体裁はともあれ、参詣者自身は国家のためよりは一家の安全幸福を、武運長久よりも実は生還を何よりも強く祈願したであろうことも事実としなければなるまい。特に戦前の日本における神まいりには、表向きとはちがった念願がこめられていることが多かったからである。「徴兵のがれ」のための神まいりはその例だ（松下芳男『日本陸海軍騒動史』土屋書店、一九六五年）。にもかかわらず、鎮守への参拝が公に奨励された時にはいつも国家主義的目的と傾向がともなっていた。ここに森首相発言への危惧と疑惑が必然化せざるをえなくなるのは当然であろう。

天皇制と国家神道

村に鎮守ができたのは、確実な史料で論証することがむずかしいほど古い。ただそれが土着の神への信仰として成立し、国家的な規模で系統だった神道の中にくみ入れられたのは案外に新しい。もちろん、古代の律令制時代に延喜式神名帳は全国で三一三二座・二八六一所をのせているから、その数の社祠には国家的な規制が及んでいたといえる。しかし当時の村ごとにあった社祠の数ははるかに多かったはずである。それらの社祠にまで国家の統制が十分に及んでいたとは信じられない。神仏習合は事態をさらに複雑にした。中世になると有力な式内社の名称・由緒・伝承もすくなからず混乱し、律令制天皇国家の神道支配は有力な社に対してもほとんど崩壊する。辛うじて畿内地方にその影響をとどめたにすぎないといってよい。社祠はむしろ割拠した領主の支配に結びついた。そのような状態は信長・秀吉の天下統一をへて、幕藩体制の下での寺社統制によって一応の秩序を取り戻す。その際に吉利支丹の禁制が背景にあったことは否定できないだろう。しかしそうした統制も村ごとの鎮守までを完全にコントロールできたわけではなかった。幕藩領主は鎮守の祭礼がしばしば無秩序な狂乱状態に発展することを警戒し、こまかな禁令で干渉した。しかしどうにも手の打ちようのない「おかげ参り」のような大規模の宗教的熱狂もくり返しおこったのである（藤谷俊雄『「おかげまいり」と「ええじゃないか」』岩波新書、一九六八年）。「おかげ参り」は伊勢信仰と結びついていたが、それは一種の御利益信仰であって、天皇の祖先神に対する信仰に単純化できない。この時期には伊勢神宮も神仏習合をまぬかれていなかった。

神社本庁や神道政治連盟のいう神道は、以上のような経過の後に、明治維新後に形成されたものである。神社という呼称は古くからなかったわけではないが、それが一般化して使われるようになったのは明治維新もとくに神仏分離政策後のことである。それまでは神宮とか単に社あるいは宮という名称がふつうだった。それらが一括して神社と呼ばれるようになったのは、国家神道形成の画期とされる内務省神社局の設置（一九〇〇年）からといってよい。一切の神社の頂点とされた伊勢神宮は神宮司庁、戦没軍人をまつる靖国神社は陸海軍省、その他はすべて神社局の管轄となった。仏教・キリスト教・教派神道等の宗教は文部省宗教局の管轄である。神道は国家の「宗祀」であって宗教ではないという建て前による。

国家神道の理論的根拠とされた「神道非宗教」説は、日本という国家をはじめたのは皇祖天照大神であるという神話にもとづき、国家がその祖先を祭るという思想である。したがって日本国民はその信ずる宗教がなんであれ、皇室の祖先神や戦没国民を拝礼する義務があるとされることになる。それがはたして法律的に十分な根拠をもった義務であるか否かには疑問があるが、とにかくそのようなたて前の下で、戦前に数多くの宗教弾圧があった。キリスト教に対する迫害については成書も多く、大本教、天理本道、ひとのみち等の教団も弾圧された。上智大学が靖国神社参拝を拒否したために配属将校が引き上げられ、同大学の徴兵猶予の特典が失われようとした事件もあった。要するに皇祖神や天皇と同等あるいはそれ以上の神格を信ずることはすべて「臣民の義務」にそむくとされたのである。大日本帝国憲法も第二八条に「信教の自由」を規定していたが、それには「安寧秩序を妨げず及臣民たるの義務に背かさる限に於て」という限定があったのである。

内務省神社局の指導する国家神道体制の下で、伊勢神宮と靖国神社を特別として、他のすべての神社は官・国弊社、府県社、郷社、村社およびその附属社に列格された。いわゆる鎮守は、村社およびその附属社があたる。このような鎮守は先に見たように地方改良運動や農山漁村更生運動の精神的拠点として利用もされたが、他方では地方行政にとっての厄介物でもあった。鎮守の維持と年中行事は、村民にとってかなりの経済負担となり、ひいては地方財政改良の阻害ともなる。すでに明治初年に「矮陋《わいろう》神祠」の破却という乱暴な政策が取られていたが、明治末から大正初期にかけて内務省は神社合併を推進した。一九〇三（明治三六）年末の府県社以下の神社総数は一九万三一二七社であったのが、一九一四（大正三）年には一二万二四二二社にまで減少した。減少率は道府県さまざまであるが、一番すくない青森県で減少率四％弱、一番多い三重県では八九％弱にのぼるといわれる（森岡清美『近代の集落神社と国家統制』吉川弘文館、一九八七年）。いま森首相らが口にする鎮守とは、このようなすさまじい国家神道体制下での神社政策の所産であることを記憶にとどめる必要がある。それらは決して昔ながらの集落神社ではないのだ。

国家神道体制下の集落神社でおこなわれた神事は、明治以前からの古い神事そのままではない。それまで皇室の内部でだけおこなわれてきた祭祀に合わせて官国弊社以下の神社にまで神事が強制された。次頁の表を参照されたい。

このようにして神道と天皇の関係が制度化されてしまった。国家神道の完成された姿である。さらに内務省神社局は神職任用のための尋常試験や高等試験また詮衡任用権を通じて神道界の人事を支配し、また神社祭式等を制定して、全国の神社の神事の統一をはかった。神社局はその後に格上げされ、神祇院に昇格している。

国家神道は推進されたが、鎮守を中心とする村民の信仰生活が完全に取りこまれたかといえば、必ずしもそうとはいえない。村びとにとっては先祖から受けついできた伝統的な祭りこそが自分たちの神事であり、皇室祭祀や国家の祝祭日にとりおこなわれる神事は、生活実感からはなれた儀式だったのである。村の鎮守に専属の神職がいる場合はすくない。神職は大てい郷社や他の鎮守との兼職である。それらの儀式には神職のほかに市町村の役職者や氏子総代が列席するだけで、一般村民の参加はないのがあたり前だった。だが先祖から受けついだ村まつりとなると、村人総出のにぎわいとなるのである。村人たちは自分たちの祭りをするので、別に天皇の祖先神を祭っているわけではない。国家

（表）近代の皇室祭祀と神社との関係（明治節制定後の神宮祭式、神社祭式、祝祭日との相関関係）

月日	皇室祭祀・神宮・神社　祝祭日	近世との継続性
一月一日	四方拝（儀式）・歳旦祭（小祭）　中祭　中祭　四方拝	継続
一月三日	元始祭（大祭）　中祭　中祭（祭日）　新規	
二月一一日	紀元節祭（大祭）　中祭　中祭　紀元節（祝日）	新規
二月一七日	祈年祭（小祭）　大祭　大祭　復興	
春分日（三月）	春季皇霊祭（大祭）　遙拝　遙拝（祭日）	新規
	春季神殿祭（大祭）	新規
四月三日	神武天皇祭（大祭）　遙拝　遙拝（祭日）	新規
四月二九日	天長節祭（小祭）　中祭　中祭　天長節（祭日）	新規
秋分日（九月）	秋季皇霊祭（大祭）　遙拝　遙拝（祭日）	新規
	秋季神殿祭（大祭）	新規
一〇月一七日	神嘗祭（大祭）　大祭　遙拝（祭日）	継続
一一月三日	明治節祭（小祭）　中祭　中祭　明治節（祝日）	新規
一一月二三日	新嘗祭（大祭）　大祭　大祭（祭日）	継続
一二月二五日	大正天皇祭（大祭）　遙拝　遙拝（祭日）	新規
	先帝以前三代の式年祭（大祭）	新規
	先后の式年祭（大祭）	新規
	皇妣たる皇后の式年祭（大祭）	新規

（式年祭は崩御日より三年、五年、一〇年、二〇年、三〇年、四〇年、五〇年、一〇〇年、爾後毎百年とする）
（村上重良『天皇の祭祀』（岩波新書）を「皇室祭祀令」明四一・九、「皇室令」昭二・一〇改正、で補訂）

神道下の鎮守では、いつもこのような二元的な現象が立ちあらわれた。

戦後の神社神道

国家神道は、アジア太平洋戦争の敗戦、戦後改革、日本国憲法の制定によって、公には解体されたことになっている。しかし今日でも神社本庁を中心とする神社神道は、すでに述べたように「神宮」を本宗とするたて前で、皇室の祖先神を頂点とする神社の体系を維持し、内務省神社局以来の神社祭式を保持し続けている。神職資格の認定や位階・服装等の規則も定めている。国の制度としての国家神道はなくなったはずだが、宗教（現在も神道界では神道を宗教と認めたがらない人たちが多いが）としての内実は続いているのである。なぜそうなったのか。

問題をポツダム宣言受諾の経緯から検討したい。一九四五（昭和二〇）年八月の最高戦争指導会議と閣議の争点は、受諾で「国体」を護持できるか否かにあった。日本政府の照会に対する連合国の回答は「降伏のときから、天皇および日本国政府の国家統治の権限は、降伏条項を実施するためその必要と認むる措置をとる連合軍最高司令官の制限のもとにおかれる」とあり、またポツダム宣言には、日本が軍隊を完全に武装解除し、民主化し、「言論、宗教及思想の自由並に基本的人権の尊重」が確立され「日本国国民の自由に表明せる意思に従ひ平和的傾向を有し且責任ある政府が樹立せらるる」時に、占領軍は撤退するという条項があった。傍点部分の原文は subject to であり、素直に訳せば、「従属するものとする」となる。降伏しなければ日本軍の「完全なる壊滅」と「日本国本土の完全なる破壊」となるという厳然たる警告の前に、当時の支配層はわざわざ訳文をやわらげ、「国民の自由に表明」する意思に従えば「国体」は維持できるという希望的観測にもとづいて、ポツダム宣言の受諾すなわち降伏が、決定された。

日本の支配層は「国体護持」のために降伏したといってよい。だから八月一四日付の終戦の「詔書」は「朕《ちん》は茲《こ》に国体を護持し得て忠良なる爾《なんじ》臣民の赤誠に信倚し常に爾臣民と共に在り」と述べていた。同月一六日には勅令で国史編修院官制を公布し、院長も任命している。国定の日本史で国体観のさらに強固な確立をはかったといってよい。宣言の条文により戦犯の追及は予測されていたし、陸海軍の解体は当然視されたが、支配層はなお当時の政府機構や大日本帝国憲法の大綱をそのまま維持しようとつとめた。「国体」とは、当時の常識的な法理解で「天皇の国家統治の大権」を意味するとされていたのである。だがそのような甘い期待は、当時の連合国や世界の民主的・平和的な民衆の是認するところではなかった。

その年一〇月四日、ＧＨＱ（連合軍総司令部）は「政治的民事的及宗教的自由に対する制限の撤廃に関する覚書」を日本政府につきつけた。その中には「国体を変革」しようとする者に厳罰を課する治安維持法や宗教団体法の撤廃とともに特高警察や宗教の統制に任ずる政府の部局の廃止が含まれていた。いわゆる思想犯はこの日まで獄中にあったのである。この「覚書」を受けて、「国体護持」を旨としてきた東久邇内閣は総辞職に追いこまれた。神祇院も解体せざるをえない。一二月一五日にはさらに「神道指令」（国家神道、神社神道に対する政府の保証、支援、保全、監督並に弘布の廃止に関する件）が発せられた。それまでの国家神道体制にとって致命的といってよい。学校が学生・生徒・児童を引率して神社に参拝させることも禁止となった。翌月すなわち一九四六年元日に天皇の

「人間宣言」とよばれた勅語が発せられ、天皇みずからのことばで「天皇を以て現御神（あきつみかみ）」とすることを「架空なる観念」とするにいたった。

このような情勢のもとで神社界に大動揺がおこったのは当然である。旧内務省神社局の人物が代表者をつとめる皇典講究所・大日本神祇会・神宮奉斎会などの半官半民の組織が内務省・外務省・宮内省と談合し、またGHQとの接触でその意向をくみ、神道青年懇話会等の提唱を受けて、各神社がそれぞれに単立の宗教法人となり、それら宗教法人の連合体として神社本庁を結成するにいたったのである。神社本庁がその庁規に「神宮」を本宗としたことはすでに述べた通りであり、神社が伊勢神宮を頂点とする社格で系列化された点では戦前と何らのかかわりもないこととなった。

こうして神社本庁は傘下の神社を督励し、伊勢神宮真姿顕現（国有化）、紀元節復活、剣璽御動座、靖国神社国家護持、また大嘗祭斎行等の運動を展開した。紀元節は建国記念の日として事実上復活し、剣璽動座も天皇の伊勢神宮参拝を機としてなかば以上実現し、首相や閣僚の靖国神社公式参拝が断続的にくり返された。いずれも皇室の祖先神や天皇の神聖、天皇への忠誠等、いわゆる国体とかかわった事項である。そのための運動は前記の『増補改訂近代神社神道史』が詳記している。神社本庁は神宮を「本宗」とする限り、皇室の祖先神および天皇と不可分なのである。だから国家神道の内実はいつまでも続いてきた。

集落神社としての鎮守

鎮守は神社本庁の下部組織にくみいれられている。しかし古くは鎮守の神事は村びとの自治で運営された。宮座や頭屋《とうや》などという村落内の祭祀組織が神事一切を取りしきり、神職の介入を受けないのが一般であった。内務省神社局の統制する国家神道体制のもとで、鎮守の祭祀の主要部分は資格を公認された専門職の神職になわれることになり、宮座等で村民がかかわり合って神事をおこなう風習の範囲がせばまり、宮座は崩壊した。現在は祭祀を神職が取りおこない、村民は村独自の特殊神事やみこし等にかかわるだけになっている例が多い。しかし村民の主要な関心は伝統的な神事にあって、伊勢神宮につらなる神々の系譜にあるのではない。

鎮守の固有神事や宮座の衰退は、日本における国民国家の成立と発展、いわゆる近代化の進展とふかくかかわっている。明治以来の学校教育の普及が均質平等な国民をつくる上ではたした役割は絶大である。あえていえば「教育勅語」から『国体の本義』（文部省、一九三七年）までの一貫した国民教育の基本理念は、村ごとにちがう鎮守信仰の存在を認めなかったのである。日本はしばしば多神教といわれてきたが、正確にいえば、近代では皇室の祖先神を頂点とする神々の系譜の下に鎮守神があった。明治以後の公式の祭神の多くは、後にこじつけられたのである。そこに「神の国」のぎまんがあるといわねばならない。

日本資本主義の展開と神道

明治以降「富国強兵」「殖産興業」政策を綱領とした近代化の過程は、工業化と農業のジレンマを招かずにおかなかった。明治前半期の資本主義の展開が、過重な地租を原資とする政策的な育成であったことはよく知られている。以来、藩閥政府と政党の対立抗争また妥協抱合も、工商と農との利害をめぐって展開されたといってもよい。第二次大戦は産業構造や人口に大きな変動をもたらしたが、それでも一九五〇年で農・林・漁業の就業人口が四八％をこえていた。人口の都市集中はすでに大きな問題ではあったが、他方で村もまたなお健在だったのである。戦後、選挙法が改正され、女性に選挙権・被選挙権が認められる等の大変革があったが、戦後しばらくの間は、戦前政党政治期の政友会・民政党が得ていた支持率が保守的政党にほとんどそのまま継承されており、とくに農林漁村部に大きな変化がおこらなかった。農地改革によっても、大勢はそのまま続いたのである。戦後経済復興のための石炭・鉄鋼に集中する傾斜生産方式政策と食糧不足で、都市と一般商工業は苦難にあえいだが、農村は比較的に安泰であった。青年を主とする文化運動があちこちで活発化し、戦時中に休止常態だった鎮守の村まつりもにぎやかに復興した。戦災都市の神社の復興は対照的に進まなかった。

日本経済の復興は、一九五〇年の朝鮮戦争ぼっ発による特需ブームによって本格的に動きはじめた。一九五五年には神武景気といわれる空前の経済好況となり、翌五六年の『経済白書』は、「もはや戦後ではない」と表現する。この間に五六年に対日講和条約と日米安全保障条約が調印され、五七年に発効している。

このように米軍の占領が終了するとともに、政界では逆コース・復古調が顕著となり、五三年一〇月には池田勇人自由党政調会長とロバートソン米国務次官補の会談で自衛と愛国心の教育が約束されていた。日本民主党が「うれうべき教科書の問題」を刊行した五五年に、自由党と日本民主党が合同して自由民主党となり、また日本社会党も左派と右派が統一大会を開き、ここに保守と革新の五五年体制が成立することになった。

日本資本主義の復興とは、工業力を中心とする復興であり、いわゆる高度経済成長へと結びついていく。この間に農村はさまざまの補助金を受けて農業を維持し、また肥大化してたえず新しい労働者を必要とする商工業発展のための労働力供給地でもあった。自民党は都市では大企業の管理職、中小企業主、農村では農地改革後の自作農を主要な支持層として安定的な支配を実現できた。

このような時期に若年労働力の農村から都市への流出が続き、また出かせぎによる中年農民の他地方への移動があり、兼業農家の増加もあったが、農繁期等には帰郷する者も多く、鎮守の村まつりもおおむね順調におこなわれた。しかし大都市では、宗教学者が「神道の都市化」とよぶ現象が進行した（岸本英夫「神道の都市化」『岸本英夫集』第五巻、一九七六年）。大都市とくに東京の住民も、もとは地方の出身であり、村の鎮守にたちがたい思い出をもっている。現住地の神社は戦災等の影響で氏子組織が潰滅し、辛うじて旧来の住民が氏子組織を維持しているが、地方から移入した住民は、現住地の神社になじみをもっていないから、近づきにくい。結局、新年の初詣りは、居住する大都市の巨大有名神社に集中することになる。毎年、初詣りの人数が全国最高となるのは、いつも明治神宮となるわけである。

初詣りは明治維新後にはじまった新しい風習で、古くからの伝統ではないという学説が有力である（高木博志『天皇制の文化史的研究』校倉書房、一九九七年）。それにしても地方から大都市に移住した市民にとって、故郷の鎮守を思いおこさせる森林と神域のある、かつまた近づきやすい神社が、巨大有名神社であることは注目にあたいする。

多勢の市民にとって、明治神宮に参詣しても、格別に明治天皇に詣ったという意識をもっているとはいえない（岩井忠熊『明治天皇』三省堂、一九九七年）。祭神は何であるかを問わず、ただ鳥居をくぐって参詣すればよいのである。それが日本人の宗教意識の特色といってよいであろう。

このようなあいまいな宗教意識の上に成り立っている神社参詣は、今や普遍的な現象となった。筆者の居住する京都市の三大まつりといえば、賀茂神社の葵祭、八坂神社の祇園祭、平安神宮の時代祭である。三者は京都の年中行事の最大イベントとなっている。葵祭の路頭の儀は、王朝風俗の行列として有名であり、祇園祭の山鉾巡幸と時代祭の神幸行列がおこなわれる日にも、それぞれ全国から数十万人の人たちが殺到し、市内交通は終日大混乱におちいるのが例となっている。しかし不思議なことに、それらの人たちのほとんどは上・下賀茂神社、八坂神社、平安神宮には参詣せず、行列や巡幸を見物するだけで帰っていく。これら三つのまつりは、現在ほとんど観光行事となっている。こころみにそれらの観光客にそれら神社の祭神をたずねてみるがよい。上賀茂神社は賀茂別雷神《かもわけいかずちのかみ》、下鴨神社は賀茂建角身命《かもたけつねみのみこと》、玉依姫命《たまよりひめのみこと》である。八坂神社は、明治以前は神仏混交の祇園社・感神院といい、その祭神はもとインド渡来の牛頭天王であった。神仏分離によって仏教色を払拭して神社となり、おもな祭神を素戔嗚尊《すさのおのみこと》としたのである。平安神宮の祭神は桓武天皇となっている。筆者の経験ではそれらの祭神を正しく答えられた人はほとんどいない。辛うじて創建が一八九五（明治二八）年と比較的に新しい平安神宮の祭神について正答者が若干あった程度である。

以上のような大都市の有名神社は、崇敬者によって支えられているのではなく、まつりのイベントを観光する旅行者と観光業者、それに依存する自治体等の支援によって成立しているといってよい。平安朝風俗の行列や時代祭の行列は、その装束・車馬の調達・維持にばく大の費用を要する。それらは神社みずから出費するのではなく、神社の氏子組織や文化財保護のための団体の援助によっている。祇園祭の鉾や山車は町衆の自治組織を背景とする鉾町によって維持・運用されてきた歴史があるが、京都市の中心部の市街が大企業のビルに占拠されて旧来の住民が郊外に追いやられ、鉾町はほとんど崩壊の危機にひんしている。山車を曳く人たちはすでに大分前から学生アルバイトになっている。祇園祭では、古くからの鉾町住民にかわって、その場所に所在する大企業や銀行などから、従業員としてくり出されることが常態となった。平安神宮の場合は、京都市民全体を氏子とみなして全市域に組織をめぐらした平安講社がお札を町内会にもちこみ、各町内会は町内会費で一括してお札を受け取り、各戸に配付するという慣行が続いている。各住民はお札を受けるか否かの意志を表明する機会がはじめから排除されているのである。

都市の大神社が観光客以外の多くの参詣者を集めている例も多い。これまた筆者の居住する京都では伏見稲荷神社、北野天満宮、恵美須《えびす》神社等がある。参詣者は御利益を祈願する。全国稲荷社の総本山とされるお稲荷さんは、かつては五穀豊穣を祈願する人たちが多かったが、今は商売繁昌を祈る人が圧倒的となった。菅原道真をまつる天満宮は天神さんの呼び名で学問・文芸の神として親しまれてきたが、現代では受験競争の時代を反映して、学業成就・合格祈願が圧倒的だ。したがって案外に中・高校生の姿が目立つ。恵美須さんは商売繁昌とともに交通安全とくに海路の安全を祈る人が多い。

そのほかに赤児のお宮まいりや、通過儀礼とも関連する七五三などの神社参詣は、古くからの慣習である。神前結婚式は明治起原の新しい風習だが、現代の大規模な結婚式場やホテル等は、ほとんど特定の神社と連携しており、神社にとってはよいビジネスとなっている。建築儀礼の地鎮祭・起工式・棟上げ等に神事がともなうことも普通である。ここでも土建業者が特定の神社と結びつく傾向がある。神社神道の一部は、御利益信仰だけでなく、一種の儀礼神道として繁栄している。現代社会がたえ間ない土木建築業の展開という様相が続く限り、この大勢が衰退するとは思えないのである。

このような都市の神社の繁栄は、日本における農業社会の衰退と急速な都市化を背景としてもたらされている。市民社会はしばしば「欲望の体系」として理解されてきた。御利益信仰は、欲望の達成の祈願として続いていくであろう。しかし欲望は多くの人を挫折にもみちびく。挫折した人を立ち直らせ、その人たちの心をいやすための社会的施策が不備であれば、そういった人たちはまたまた神まいりにかたむく。俗に縁むすび・縁切りの神さまといわれる神社で数多くの奉納絵馬を見ると、世間ではいかにたくさんの人たちが、不幸な人間関係をおそれまたそこから抜け出ようとしているかを知らされることになるだろう。かつての保守政治は市民の欲望をかなえ、またかなえるかのごとき幻想をふりまくことで、都市の支持層を獲得してきた。しかしいま経済の自由市場化、グローバリゼーションの進行によって、むき出しの弱肉強食が進行しつつある。倒産・リストラが嵐のようにふきまくる。このような情勢のもとで都市市民層は、最後の幻想まで打ちくだかれつつある。彼らが神だのみしたところで、今やそれが保守政治の力に対する幻滅を意味するものにしかならないだろう。

農村ではどうか。村の鎮守はまもられているか。実際は衰退の一途をたどりつつある。ガットのウルグアイラウンド（多角的貿易交渉）の結果、一九九五年度からコメ市場が部分開放され、減反政策等で糊塗してきた農政は完全に行きづまった。耕作放棄がひろがりつつある。農業の業人口の平均年齢はとっくに六〇歳をこえ、後継者を見出しがたくなったままである。離農者がふえ、平野部の農村でも人口が減少し、山村ではいたるところ過疎におちいった。このような情勢のもとで、村の鎮守だけが昔のとおりというわけにいかないことは当然だ。多くの鎮守が荒廃におもむくままに放置されている。

農業をたて直す見込みがたたないから、そこに地方公共事業をもちこんで、一時的な景気浮揚がこころみられる。真に農業振興のために必要な公共事業なら、だれもが歓迎し容認するだろう。だが実態は、不要不急の工事が、農村地帯の土建業者を集票組織として確保しておくためにおこなわれている例があまりにも多い。財政危機のもとで、さすがに政府与党も一部の公共工事を中止せざるをえなくなっている。無理がいつまでも続くものではない。

二〇〇一年度予算の大蔵省原案の作成に関し、新聞は宮沢蔵相が記者会見で「大変な借金を残した蔵相として、わたしの名前は歴史に刻まれる」と語ったことを伝えている。二〇〇一年度末で国債残高は三八九兆円に達する見込みという。同じ時期に文部省の調査によると、二〇〇一年三月の高卒予定者で就職希望者の内定率は五六・二%と報道されれている。お先真暗とはこのことでないか。「天皇中心の神の国」がこれでは、だれも有難いと思わなくなるだろう。戦争末期に「神風」による勝利の呼号を聞かされた後で、敗戦と天皇の「人間宣言」に直面して「虚脱状態」におちいり、やがて青年層にいわゆる「アプレゲール」現象の蔓延が見られたことは、記憶にとどめておく必要がある。歴史は発展し、変化する。他面で歴史はくり返す。くり返すほか能のない者は、つぎの局面で落伍者となる。歴史の経験を馬鹿にしてはいけない。

とにかく森首相と彼を取りまく一団の人びとによって教育改革が語られ、特定宗教にかたよらぬ宗教的情操をやしなうための、新しい宗教教育の必要が主張されている。かつて国家神道が「神道非宗教説」によって国民に強制されたことを忘れてはならない。森首相の発言の中に「神様であれ、仏様であれ、神武天皇であれ、親鸞上人であれ、日蓮さんであれ、誰でもいい、宗教というのは自分の心に宿る文化なんですから、そのことをもっとみんな大事にしようということをもっと教育現場でいわないのかな」というくだりがある。森首相の属する真宗教団の中から、このでたらめな宗教観に対する批判が公けにされたのも無理はない。「神祇不拝」は親鸞の教えなのだ。神と仏を同列におくことは禁物となっているのである。彼らは宗教といえば平和的なものと頭から思いこんでいる。そうあってほしいと私も願望し、事実そういう宗教が多いことも認められる。しかし歴史と世界の現状に現われる宗教は決して平和でくくりきれるものではない。歴史上、宗教戦争が何べんもくり返され、多くの血が流された。現在のイスラエル・パレスチナ問題が、宗教ぬきに語りえないことは明らかであり、ユーゴやコソボの事態も明らかにそうだ。そうした問題が宗教だけを原因として生じたとはいえないが、宗教問題がからんで重大化したことは万人の認めるところだろう。いちいち挙げないが国内に宗教問題をかかえて苦悩している国は多い。学校教育で宗教を奨励して、多数のカルト教団を生ずることも見やすい道理だ。仏教教団の多くが関係者もなげく通りに「葬式仏教」になってしまい、現代人の心にひびくものを失いつつあるのが実状である。第二第三の「オウム真理教」の出現なしと、だれが保証できるのか。

森首相の宗教談議がみな日本の既成宗教にしか及んでいないのも、彼の眼孔のせまさを物語っている。労働力を見ても学園をながめても「国際化」は今や現実となった。保守政権もそれを推進してきたのではないか。留学生を多く受けいれている大学では、学食のメニューにも豚肉使用の有無を記載するほど、宗教には神経をとがらせている。この時勢での森発言には驚いた。能天気・無知の首相が、派閥政治の力学で突然に出現する。その可能性は簡単になくならないだろう。しかし主権は国民にあり、未来をつくる力は人民にある。それを洞察することのできない政治勢力はいずれ亡びる。これが歴史の教訓だ。

主要参考文献　本文中に注記した以外で『宗教と国家』近代日本思想大系5、岩波書店、一九八八年。石川真澄『戦後政治史』岩波新書、一九九五年。原剛『日本の農業』岩波新書、一九九四年。

■対談　福沢の思想のおもしろさ――『丁丑公論・瘠我慢の説』をめぐって――

……………古在由重・藤田省三

【解説】

この古在・藤田対談は、「未来をひらく教育」七〇・七一号（一九八七年夏・秋号）に連載された。古在は東京・四谷の喫茶店「版」で、月に一度一般市民との読書会（版の会）を主宰していた。ときおり「ぼくが頼めば来てくれる」ゲストが登場した。そのゲストが、加藤周一、藤田省三であった。この古在・藤田対談は、「版の会」で八〇年代半ば頃に行なわれたもの（なお、古在は、丸山眞男との対談で「塾」の意義を語り、丸山もそれに同感している。太田哲男編『暗き時代の抵抗者たち　対談古在由重・丸山眞男』同時代社、参照）。

この対談で何より印象的なのは、藤田の読みの光彩陸離たる点であり、藤田がいかに徹底した本読みの人だったかがうかがえて圧巻である。

古在由重（一九〇一－一九〇）は哲学者。父は古在由直、母は豊子（清水紫琴）。東大哲学科卒業後、一九三〇年代には『唯物論全書』の一冊として『現代哲学』などを書き、反戦的な姿勢を崩さなかった。戦後は、理論活動とともに、美濃部革新都政の推進、ベトナム反戦運動、反核運動などに力を傾注した。また、全民研創設以来、八〇年代の半ばすぎまでその会長をつとめた。著作に『古在由重著作集』（勁草書房、全六巻）など。

藤田省三（一九二七－二〇〇三）は、丸山眞男に学び、『天皇制国家の支配原理』によって脚光をあびた思想史家。法政大学教授をつとめた。著作に『藤田省三著作集』（みすず書房。全一〇巻）など。

この対談は、『藤田省三対話集成』第二巻（みすず書房）にも収められている。

（太田哲男）

福沢の西郷隆盛論

古在　今夜は福沢諭吉の『丁丑公論・瘠我慢の説』を読んでくることになっています。この中でとりあげられている西郷隆盛とか勝海舟とか榎本武揚という人が、実際にはどういう人であったのか、西南戦争をおこして明治政府に抵抗し逆賊と言われた西郷を「丁丑公論」でほめ、明治政府で大いに功績をあげた勝や榎本を「瘠我慢の説」で大いにけなしている福沢の説は、はたしてどういうものなのか、藤田さんのお考えもうかがいながら皆からも質問を出して下さい。

今までにも明治維新とか民権時代とかいうのは、いくらかここでもとりあげたことがあります。『丁丑公論・瘠我慢の説』は初めてで、この全貌をかみくだいて話していただいて、それからこれの読み方を教えていただき、またできれば、今の私たちとのつながりを話していただく。あとからいろんな質問にこたえていただく。どんな質問でもいいですがね。では、やってみて下さい。

藤田　どういうところが面白かったですか。両方やりますか。「丁丑公論」と「瘠我慢の説」とどちらがいいですか。両方ですか。

古在　「丁丑公論」のテーマは西南戦争だね。じゃ西郷さんからやりますか。西郷さんの評価は難しくてね。

藤田　そうなんです。今学校では教科書で西郷隆盛と西南戦争をどう教えているのでしょうね。そういうことも調べておくべきなんですが。

古在　僕もあまり知らないのですがね。おそらく講談なんかの影響かもしれないけれど小さい時から僕は西郷が好きなんです。

藤田　そうでしょ。

古在　征韓論者であり朝鮮侵略を考えていたということで非難する者もいますが、なんとなく好きなんですよ。上野の銅像ね。あれとも結びついてね。戦争中とっつかまっている時も、釈放されたら、来年の何月何日何時、西郷さんの銅像の前に立っているからそこで会おうということをよく皆言うんですね。しかし滅多に実現はしないそうです。留置場で親しくなって来年会おうよという気持になるんだけど、牢から出てしまうと忘れてしまうんだな。でも、あの銅像に親しみを感じているのは事実なんですね。愛情をもたれていますよ。だから僕も理論的にではなくて、好き嫌いでいうと、好きなんですね。薩摩の人は好きですね。

藤田　一般に日本人は好きなんじゃないですか。

古在　庶民的なんじゃないですか。

藤田　そうですね。あの風体からもね。そのこと、これにも書いてますね。彼の誠実さを疑う者はないとか、彼を悪く言っている者であってもその誠実さを疑う者はないとか。いかなる大事件を前にしてもひょうひょうとしている。泰然たる様子をしている。

古在　私利私欲はないんだ。私心、自分の利益とかいうことはまったくないでしょう。ただ、あの征韓論というのが問題になりますがね。そこのところなんとか説明してくれませんか。それ

藤田　さえうまくいくとたすかるんですがね。それはできませんよ。大体西南戦争は、明治維新が革命であったならば西南戦争はそれに対する士族造反といったり封建反動といったり、そういう戦争であったというふうに普通教科書ではしているんじゃないですか。この教科書を設定したのはマルクス主義史学なんでしょう。それがどの程度あたっていて、どの程度違っているかという問題が大事なんですね。福沢の「丁丑公論」は既に新しい言い方を当時していたといわれていますね。これは割合ポピュラーであったはずなのに、あまり読まれていないか、読まれてはいたけれど、注目はされなかったですね。

古在　今度あらためて読んではこなかったけれど内村鑑三ね。彼も西郷をやっていますね。

藤田　「代表的日本人」というのでね、皆さんどこが面白かったですか。

参加者　西郷さんの好ききらいでなくて、教科書に出てくる西郷さんではあまりイメージは持てなかったですね。

藤田　ああそうですか。それは戦前と戦後のちがいでしょうね。戦前に少年時代あるいは青年時代までを送った者は、ほぼやんわり好きになる。そういうのが戦前の日本を支えている象徴的な人物像であって、その像が正しかったかどうか。それに対して好ききらいで物言ってもらってはこまるといわれましたが、そういう感じ方もあるということはわかって下さい。

古在　明治の政府にとっても天皇制にとってもあんまりよくなかったでしょう。名誉は回復したけれども。

藤田　個人的には皆きらいではないでしょうが。でもおかしいですね。最大の忠臣から最大の逆賊にしてしまったんですからね。

古在　名誉回復はいつごろでしたかね。

藤田　明治三〇年ごろでしょう、憲法制定以後ですね。内政がかたまってからですね。

『丁丑公論・瘠我慢の説』

古在　「丁丑公論」が世に出たのは名誉回復後ですね。

藤田　三四年ですから、それまで発表しないでおいたのです。讒謗律《ざんぼうりつ》というのが出たでしょう。政府を誹謗し、讒謗《ざんぼう》した者は全部監獄に入れてしまうというのですね。そのころでいうと成島柳北といって『朝野新聞』を出したのがいたのですが、これは自由党の方でなくて改進党の方で、おだやかな進歩主義者でした。成島柳北などやられた第一号で、そのころ日本にはじめて白墨がはいって来たので、天にチョーク（チヨ墨）なし、ゆえに自分たち新聞記者は天に代わって物を言うのだといっています。福沢の場合でいうと「丁丑公論」を書いたのです。彼は幕末から用心深い人で、非常に慎重な人でしたから、意見は非常に大胆ですが、西南戦争の頃に逆賊あつかいされている者を、堂々と弁護する人など彼をおいてほかになかった。しかも頭はいいのですからね。西郷が逆賊あつかいされているその最中に書いたのです。そして発表しないでおいたのです。「瘠我慢の説」は明治二五年に書かれたもので、一緒に二つが明治三四年、死ぬ直前にはじめて「時事新報」で公にされたのですが、両方とも書いておきながらそうやって発表しないでおいてあったのです。「瘠我慢」の方は人の批判であり、榎本武揚と勝海舟を批判したのですが、このように名ざしの批判などは軽々には発表をしないという人です。「丁丑公論」の場合には、讒謗律という政府批判を処罰する法律が出たばかりの時ですから、まったく公にはしなかったのです。

丁丑というのは明治一〇年のことですね。公論という意味の歴史をしらべると、面白いです。成島柳北などには明らかに公論性がありますね。同じ時期に福沢にも公論という意識がはっきりありますね。西郷を非難するのに、一国を支える精神的土台である徳と国に対する大義名分に反することをくっつけることは公私を混同するものである。西郷の品行についてとやかく言う人はいないはずである。公と私を分けて考えようという事を天下に向かって論ずる場合には、公論をもって論ずべきである。公論の意識というのは明治の前半ですけど、日本の独立を担っていた思想家で政府批判家側でははっきり意識されていたことです。公論でなくてはいけないのだということ。私案とごしゃごしゃにして非難したり、批判したりしてはならないのだというのですね。

古在　五ケ条の御誓文にも万機公論に決すべきというのがありますね。英語でいうとどうなるの？公論は？

藤田　Public opinion だと思いますけどね。

「抵抗の精神」

藤田　福沢は「丁丑公論緒言」のなかで、要するに人間というのは社会のなかで暮しますから、自分の考えをほしいままに社会的に実行してしかるべきものだ。「専制は今の人類の性と云ふも可なり」と書いています。自分の考えで人をうごかしたいと思うのが人間の天性だ。だから専制主義というのは、ほっておいても出てくるのだ。しかし専制主義を実現されては困るから、実現させないために何が必要かというと、抵抗する政治でなければいけないのだ。抵抗する者がいなくなると、専制政治が社会的に実現されるのだ。抵抗というのはどのような社会のレベルでも、どのような社会団体でも、どのような国でも、世界のどういう社会制度のなかにでも、専制政治が実現されないためには、抵抗の精神が現れてこなくちゃいかんというのですね。西郷はそれをやったのだ。彼を批判するのは、西郷が腕力でやったという点です。自分は腕力主義ではない。智恵や言論によってそれをすすめる方を自分はとるんだけれども、それができなかったところに西郷のおろかさがある。その精神においては同じだ。その当時新聞などで西郷を逆賊呼ばわりした。それをことこまかく批判しているのです。

こういうことをさせると福沢というのは自由自在です。また言い方もうまいです。「緒言」では、専制精神に対して自然の抵抗というか、その精神を大事にしなければいけないといっているのです。そして、せっかく薩摩の西郷のいいなりになるのなら、そこで独立の自治権を権利として主張して、その実績のうえに立って——民撰議院設立建白書が出されていた時ですから——国会開設論を展開して自治を前に進めていけばすばらしかったのだけれども、そうならなかったのが残念なところであるというのです。その抵抗の精神を西郷が持っていたということでは評価しなければならないといっています。

この点、歴史の教科書の中で西南戦争を一行で書こうとすれば、それだけのことは書けないでしょうね。福沢の西南戦争論のあらすじのところをパラフレイズするだけでも、かなり面白い線が出てくるでしょう。西郷は桐野利秋（陸軍少将）などをつれて薩摩へ帰ってしまうでしょう。当時西郷はただひとりの陸軍大将でした。西南戦争は政府がひきおこしたようなものじゃないか。それは黙認しておいて、明治政府は二つに割れて陸軍大将西郷は西へ、一部は東へもどったのですね。征韓論で分裂した内政派といわれているのは岩倉具視、大久保利通、木戸孝允、外征派が西郷隆盛、副島種臣、江藤新平、板垣退助といわれていますが、はたしてこの人たちに外征を本気でやる気があったのか、ということになりますと非常に理解は難しくなりますね。征韓論というのは、もっとずっと前から幕末段階から木戸孝允なども言い出していたことで、吉田松陰もまたそうでしたね。本気でやる気ではなくても。その当時の韓国というのは今の韓国とも違うかもしれません。李朝は鎖国方針をとっていて、清朝とは近しかったようです。

明治以後には朝鮮半島に対する考え方は江戸時代とは非常に違うのですね。江戸時代には朝鮮からの使節に対するもてなし方など大変なものです。対馬を通ってくるわけですが、江戸に着きますと、通路にあたるところは民家の壁などは塗りなおしをさせられたのです。屋根瓦はふきかえさせられたのです。すべて自費でやらされるのでたまったものではない。まあそれくらい心をつかったのです。当時の日本と朝鮮との関係からですね。朝鮮は儒学を国の宗教としていたわけです。御承知のように儒教でおさめていたのです。日本の国学などとてもかないっこないものです。日本の学者たちもそのことを知っていたし、将軍家でもそれはわかっていて、非常に敬意をもって偶していたのです。

こういうエピソードがあります。朝鮮の特使がくると、雨森芳州という対馬藩の侍が通訳をするのです。吉宗が将軍の時のことです。平凡社の東洋文庫に通信記録がはいっていますが、朝鮮の特使と議論しているうちに話がうまくはこばなくなると、雨森芳州はつい刀の柄に手をかけようとするのです。日本の武士は江戸時代になってはじめて儒教を習ったので、それまではチャンチャンバラバラが専門の戦をする武士から、人びとを治める支配階級、統治者としての武士にかえられたわけです。このことは大変なことです。それまでの武力主義の武士から統治主義の武士に変えられたのです。しかし姿としては従来通り、二本はさしているでしょう。儒学というのは徳をもって治めるのが本命ですから、刀などさしてはいないわけです。

当時、朝鮮の特使はもちろん二本などさしていません。その前で芳州はつい刀に手をかけるので儒者としてあるまじき行いなどと批判されたと記録に残っているのです。朝鮮の特使の方が一枚も二枚も人物は上なのですね。そういうわけで、できるかぎり丁重に扱ったということです。それが明治政府になって征韓論などというのが出て来たのですから、大変な変わりようです。

朝鮮観の変化

古在　いつごろから朝鮮を見下げるようになったといえるの？

藤田　国中あげてそうなったのは日韓併合以後ですね。中国に対してでも日清戦争以後見下すようになったけど、それまでは中華帝国のあつかいです。

日本が古代において律令国家をつくる時のことを考えてみましょう。その律令というのは中華帝国で出来上がった法律体系です。西洋ではローマがはじめて法典というものを定めてローマ帝国となったのですが、中華帝国でできた法律の体系をもらって、古代日本に国家というものがはじめてできたのです。原始社会の日本は結果的には中国のものを換骨奪胎してつくるわけですが、それを読んだり日本にあてはめるように削ったりする作業を誰がするかというと、当時の日本人にはできないので、帰化人（渡来人）といわれていた朝鮮から来た人たちがやったのですね。藤原不比等という人がいますね。文章を書く人、文人《ふひと》です。歴史をふりかえって見ると、不比等（文人）によって七世紀、八世紀にかけてできあがった法律をもった国策というものがはじめて出来上がって、日清戦争あたりまでは続くのですね。天智天皇が軍を率いて朝鮮半島に渡る、そして入口のところで大敗して帰ってくる。安倍仲麻呂という人がいますね。あの当時の中国へ渡って勉強をした人ですね。この人は東北の出身でしてね。東北の人たちはねばり強いから、いつの時代にも中央政府によって酷使されるのですね。この前の戦争の時も、満州へ出されたのが仙台の第二師団でしょう。その当時も東北のつよい軍団に率いさせて、それを九州の博多までつれて行って、そこから船にのせて、攻め入る時に必ず参謀の役をする人がいるのですね。それが朝鮮の人なのです。智恵の方はそれにたよらなければならなかった。ですから尊敬の念を持つと同時に、五世紀のころから日本列島が統一国家となると共に、中華帝国に求めていたことは、朝鮮半島に対する支配権を渡せということだったのですね。ですから支配下に置こう置こうという望みはすてなかったのですね。それを実現するためには、中華帝国なみの法律で飾りたてて、文明国の体裁をとっておかなければならないという動機がはたらいていたのです。

古在　それと朝鮮に対する尊敬の念と両立するのですかね。

藤田　それが鮮明にされていないのですね。二つの面があったことは事実なのですね。

古在　どうもよくわからないな。日韓併合は一九一〇年でしたね。

藤田　日露戦争で勝たなければ、こんなこともあり得なかったですね。清朝がつぶれ、ロシアが引き下がってくれたおかげで日韓併合ができたのですね。

古在　中国人を見下げる方が、朝鮮人を見下げるよりはやいのじゃないかな。

藤田　日清戦争の主たる戦場は朝鮮ですものね。古来から朝鮮を戦場にという考えはあるのです。それでいて、古来から明治初年までは、文化としては朝鮮が高いという思いはあるのです。

古在　ほかにもこんな例がありますかね。

藤田　たとえばギリシァ。ギリシァ文化に対する尊敬はヨーロッパ諸国はもっているが、国家としてのギリシァは見下しています。日韓併合の問題は、政治的に優位なだけであって、文化的には優位ではないという自覚を失ってしまったことです。政治的というか軍事的というか、それが優位であるなら文化的にも優位であらねばならないと教えこみ、国をあげて信じこまされた、ということは実に重大な問題ですね。朝鮮はなんといっても中華帝国とは地つづきで、文化的にも中華帝国の影響を大いに受けていますね。

征韓論について

古在　征韓論というのをやって下さいな。

藤田　それが難しいですね。明治になって文明開化をさきにという考えもあったが、その当時の李朝が鎖国主義をとって、清朝とは密接で排日政策をとっていたので、特使を派遣しようとしていたら、西郷は自分で行くと言い出して、それがいかんということになるのですね。あとで朝鮮人に殺された伊藤博文も似たところがあります。西郷が行くといい出したころには、征韓論は世論になっていた。そのころヨーロッパ文明を習いに行くといって、岩倉具視を大使とし、副使が大久保利通で出かけ、一行が帰って来て、征韓論などはいかん、国内の法律をまず整備をすることが重要だといった。それが内政派といわれた由縁ですね。それはよさそうなのですが、福沢も書いているように、西郷や板垣がやめたあとその内政派さえ何をしたかというと、刀による征伐をやっているのです。西南戦争ですね。明治六年に内政派と外征派に分裂し、西郷も板垣も郷里に帰ってしまってから、内政派が彼らの征伐をやっているのです。

古在　台湾征伐というのがありましたね。

藤田　それは台湾に漂着した琉球漁民が高砂族によって殺されたのを理由に、一八七四年（明治七年）明治政府は台湾出兵をやるのです。その時の指令官は西郷従道でした。中国を討つ気などはなかったものの、いくぶん緊張気味であったようです。

福沢などは、内政論というよりは、征韓論などは問題にならないと言うのです。

彼はとにかく腕力主義ではありませんからね。文明を非常に大事にしたものですから。文明をささえるのは一国の気風だというのですね。この一国というのは国家という意味ではなく、社会という意味ですね。社会という単語ができたのは明治九年だと思います。中国は社会主義という言葉をいま使いますが、あれは中国語にはなかったのですね。福沢の『文明論之概略』が出たのは明治八年でしょう。盛んに一国の気風という言葉を使いますね。一国独立の気風があってこそということもいうが、大概は社会という意味で使っていますね。

古在　国家と社会がはっきり分けられたのはヨーロッパでは一八世紀だと思いますね。市民社会成立でしょう。国家と社会ってのははっきり自覚されないんだ。

藤田　国家というのは state なんですね。

古在　ルソーなんかでもはっきりしていない。今でもこれがつけ目ですよ。今なおね。今でもお国のためって事が出ますね。社会のためってあまり言わないね。

藤田　世間のためというのはいいますね。天下国家といいます。

古在　国家というのは仕組みですよね。学校でも社会科で国家と社会の区別を教えるといいのです

藤田　ね。福沢は「丁丑公論」の中で書いてますね。西郷非難の論点をひとつひとつあげて、それを反駁している最後のところあたりで、法は守らなくてはいかん、法を破ったのは西郷である。だけど逆賊ではないといっている。これはなかなかこみ入った批判ですね。というのは法というのはそもそも事物の秩序を保護し、人民の安全と幸福を進めるためにあるのが眼目なのですね。もし政府というような形をつくらなくても、事物の秩序を保護し、人民の安全と幸福を進めることが出来ればそれでいいのだ。政府なんかつくらんというのです。面白いですね。われわれは世間の常識なんてものを、そのままあたりまえのことのように思いこみますが、つねに白紙に還元してみるという態度ですね。あのころだからできたという面と、あのころでさえそれを考えたということがまたすばらしいですね。必ずしも人民を守るのに政府という形をとらなくてもいいということですね。

古在　そのころの法というのはどういうものなの？　英語でいえば、law ということですか。

藤田　law ですね。制定法ですが眼目は自然法を重視していますね。事物の秩序ということを言っているのが面白いですね。社会の秩序とか公序良俗とかいやな言葉ですね、大嫌いなのですが。

古在　一番いやなのは治安維持法ね。

藤田　公序良俗なんていって、公序の公とはなんだということですね。決めるのはこっちだって言いたくなりますね。福沢のいう法律は法律の奥にあるものをさしています。

福沢の思想の意義

参加者　福沢諭吉の評価すべき点とその限界を言っていただけませんか。

藤田　物事を規準通りに見ない。この著書もそうだけれど、あちらからこちらから各視点から見るという点がありますね。映画を見るようですね。カメラアングルを変えながら見ているのですね。物事に対する批判が一方的でなく、豊かにもなるし自由なのですね。自由自在であり、わかりやすいですね。白紙から見はじめる。物に対して白紙でせまる。体制が滔々と流れ出すと、日本人の国民性かもしれないが、一斉にそれに流される。何かはやり出すと全員それに行ってしまいますね。そういう時福沢は必ず反対側から物を言ってますね、社会も多角的なものとする。そして物事を多角的に見ようとしています。

古在　それとつながっていると思うのですが、物の見方が相対化していますね。絶対視しないでね。国についてもそうですね。

藤田　立国の私情、地球的に見れば一国を独立させるなんてことは一家を張るのと同じくらいのことと思っているのですね。自由なのですね。人から見ると上から眺めているようにも見られるのですね。あれだけできてしまうと、そうかもしれません。だから明治時代にホラは福沢、ウソは諭吉なんて悪口言われたのですね。日本人というのは軽はずみにつっこむというのでなく、慎重ですからね。腕力主義ではなくなると経済力を増せなんていうものだから、拝金

古在
藤田

狂なんていわれてるところまで智恵をはたらかせますね。ホラは福沢、ウソは諭吉ということ当たってなくはないのですね。どういう「ホラ」を吹き、どういう「ウソ」を言うかというと、おかみのお許しを得て官許の議論しかしないではないか、お墨《スミ》つきの議論ばかりしているじゃないか。こんなふうでひとりひとりが独立をした意見を言えないで独立なんかできないじゃないかと、個の独立ということを言ってますね。それから地域的にも独立すべきだといいます。それができているのが薩摩だと言うのです。西郷隆盛は薩摩を独立させているのだ、と。薩摩を独立王国にしてそこを根城にして地方自治をちゃんとやるべきだ。地方自治のつみかさねの上で民撰議員で、つまり国会をつくれという議論をもって出ればよかった。兵隊を率いて出るなどということをしないで。「西郷の罪は不学に在りと云はざるを得ず」、「嗚呼《ああ》、西郷をして少しく学問の思想を抱かしめ……」こういう言葉が各所に出てきますね。抵抗の精神を盛りあげてくれ、日本は一日の日本ならず、法律は万古不易のものではない。つまり一時代で終る日本ではない日本のために大事なことをやってくれた西郷を、一時期の法律によって逆賊扱いすることはまちがいであると書いていますね。「西郷は天下の人物なり。日本狭しと雖《いえど》も、国法厳なりと雖も豈《あに》一人を容るる余地なからんや」と西郷を惜しんでいます。

薩摩というのは封建的でおくれた面もあるが、同時に近代化の早かった面もありますね。それにおそらく関連して、江戸に出て来た薩摩の連中がいかれて、遊郭通いをしたりして、それだけで悪いというわけではないのですが、文明の虚説にいかれたのですね。今の言葉にすると難しくなりますが、虚偽意識とかイデオロギーとしての文明とかそういうのにどんどんいかれている時に、西郷はただひとり質実剛健で田舎の気風を失わないでいたのですね。田舎の気風を失わないということは、田舎が独立して存在していたからです。田舎が独立して存在していなければ、地方自治というのはあり得ないですね。地方自治がなければ地方自治を連合させていく民撰議員による国会というものはあり得ないと考えたのですね。今になってみてはもうどうしようもないのですが、日本の近代史にはもうひとつ別の線があったなあと思われますね。

参加者　腕力主義を福沢はきらっていたといえますが、非武装につなげて福沢が書いているのがありますね。明治の一三から一四年ごろに書いたもので、腕力について触れていますね。中国、朝鮮が西洋から見はなされて独立が守れなくなった時に、日本がそれに代わってはいって行かなければだめだ、それは力で、と言っているように思うのですが。

藤田　福沢は、「瘠我慢の説」の中でも腕力を必ずしも排除しないのですね。まちがえているなと思う部分もありますね。脱亜論などは一回しか書いていませんね。あれだけたくさん書いた人がですね。ですからあれを取りあげて福沢を非難するのは酷なんてすが。ただし、一回にしろ書いていることは事実ですからね。しかし福沢を弁護しようと思えば、朝鮮を合併してしまえと言っているのではなくて、やがて朝鮮にも明治維新のごときものがくるであろうといっているのです。一方的に日本が朝鮮をやってしまえといっているのではなく、そういう意味で朝鮮の例をあげているのです。朝鮮は西洋列国に対して非独立国ではあるが、独立をおしすすめなくてはいけないといっているのです。しかし、彼は日清戦争の時には、義損金を集めたりしているのですね。だからこの点の批判は非常に難しいのです。戦争の性質とも

古在　関係してきているのです。清朝というのは政治的にはどういう国であったのか。ローマ帝国の末の形態をとっていたのですね。ということは古いタイプの帝国でしょう。ヨーロッパでいえばイスパニヤだとかポルトガルとかいう古いタイプの帝国ですね。世界史的に見て古いタイプの帝国として見ています。それとの関係で見ると、日清戦争というのは、朝鮮を戦場にした点はけしからんけれど、清朝に敵対したという点は全部悪いかというとそうはいいきれないので、古いタイプの帝国からの脱脚の意味をもっているのですね。その点で国民戦争といわれたのです。その意味では、日露戦争にもその面がありますね。しかし日露戦争で日本は勝利した段階で自身が帝国主義になりましたね。

藤田　『石光真清の手記』という本が中公文庫にあります。これは日露戦争を批判していて非常に面白い。日露戦争の意味、勝利の瞬間の日本軍の急速な堕落を書いています。この人はシベリア出兵の時にも動員されて出て行くのですが、その時の日本軍の様子など書いています。さんざんこきつかわれた彼は棄てられるのですが。

古在　日露戦争のことを言えば、レーニンはツァーリの負けることを欲していたのですね。

藤田　そのとおりですね。世界の反動の総本山でしたから。

古在　アジアに対してはあの戦争は解放的なものをあたえているとも言えますね。だから典型的な帝国主義戦争ではないですね。

藤田　勝利と同時に日本が帝国主義になったのです。

古在　あの戦争とそのあとの空気も、あのあとの戦争とは僕にとってはちがうんだな。大和魂というのと日本精神というのとはちがうんだ。

藤田　大和魂というのは平安朝の中頃にできた言葉で、あの時も律令国家の支配者が法律づめで支配しようとした時に、もっと人間の間にはたらいている感受性の世界というものを大事にしなければいけない。感受性の世界というのは魂の世界で、ここは大和の社会、大和魂といったのですね。これは唐心《からごころ》の理屈主義に対するものです。聖書でいえば、パリサイ人の理屈主義に対して心の魂の信仰を大切にというのがイエス＝キリストの教えですね。この対立というのは、どこにでも現れるのです。平安時代の律令主義と大和魂の対立、その次が江戸時代の儒教主義に対するものですね。これは漢学でありながら国粋主義のなかにとりいれられていくのです。水戸学というようなひどいのが出て来ますからね。中国の古典を日本のものにして行くのですからね。孔子の論語とか孟子もまあいいけれど、その人たちを尊敬すれば、国粋主義にはなれませんよね。それを日本の国粋主義につくりあげたのが水戸学です。明治時代の国粋主義者はみな水戸学の系統ですからね。

古在　昭和になっても続いてますね。権藤成卿などの一人一殺とか。

藤田　それから橘孝三郎。橘や権藤は農村にはいって行きました。もともと水戸学は農村の救済のためにできたようなものですから。藤田東湖がそうですからね。

古在　日露戦争は、じゃまあ認めていいのですね。でもあれ、オーソドックスのマルクス主義者に言わせれば帝国主義戦争ですよね。僕は典型的な帝国主義戦争ではないと思っているのです。レーニンは独占資本主義による戦争といってますが、日本の独占資本主義はもっとあとじゃないですか。

藤田　第一次大戦後ですね。八幡に製鉄所がようやくできたのが明治三三年ですからね。日露戦争をまかなったのは借金です。まず合衆国、イギリス、その他からですね。それで勝てたので、でも事実上はひきわけです。形式的に勝ったことになってます。あの辺の智恵も大したものです。日本の無力を十分に知ってのうえのことですからね。

福沢の思想の多面性

参加者　福沢は個の独立ということを言い、「丁丑公論」ではその立場から政府批判をしています。このあとのものでは官民調和論を説いていますね。その点ちょっと疑問を持つのですが。

藤田　彼の官民調和論は、官の方がまず譲りなさいと言っています。そこを忘れてはならないのです。大体は、官民調和が唱えられる時には、民は官にすりよれということになりますが、官の方が譲れというのが福沢の言いたいところなのです。その当時、官民が分裂をしていたことを心配したのですが、ただ一緒になれというのでなく、歩みよる道を考えよという。権力を持っている方が譲る、力のある方が弱いものに対して譲るべきだと言っていて、生殺与奪の権をもっている者が持っていない方に譲れというのです。和解のためにはそれがなければならない。「瘠我慢の説」の中で、何度か弱者を立てることが大事だと言っていますね。福沢批判をする場合には、そこをおさえてしなければなりません。「台湾征伐」の議論も、彼が民間雑誌を出していて、そこで、台湾征伐は日本と清国の軍隊が戦ったように思われているが、どこの兵器でどこの軍艦で戦ったかを見ればすぐわかる。すなわち、フランスとイギ

古在　リスが戦ったのだ、と書いているのです。当時の人たちはびっくりしたでしょう。古在先生も言われたように、日本に自前の帝国主義ができたのは第一次大戦のあとですよ。日露戦争だって合衆国に応援されてやった戦争ですから、合衆国はよく日本の実状を知っていたのでしょうね。とても帝国などというものではなかったのですね。

アメリカが乗り出して来たのは第一次大戦後、一九二〇年頃ですね。植民地もほとんどもっていない時代ですね。

参加者　福沢があの時代にこれだけの独自の批判力を持ち得たというのは、どういうことによるのでしょう。

藤田　彼の『文明論之概略』の有名な序文の言葉があるでしょう、「一身にて二生を生きる」と。まさに有為転変の激しいなかを生きたということもその一因でしょう。しかし、同時代の者がみなそうだったわけではありませんね。長崎に行った時、すでに蘭学を勉強していました。長崎では中津の家老の息子が一緒で、その方は金があるから遊んでいる。貧乏士族の息子で金無しで行った福沢は勉強をした。独立心を持って横議横行の志で行った者でなければああはなれないでしょうね。その後、彼の読んだ横文字の本などは、向こうへ行った時に買った二流三流の本なんですね。安いのしか買えないので、"Science of Moral" なんていう安い教科書を読んでいるんです。決してえらい人たちの本を読んだわけではないのに、読んだものについての咀嚼《そしゃく》力というのは大変なものです。

一八六八年の戊辰戦争の時、新銭座にあった慶応義塾を、薩摩の軍隊がいつ襲ってくるかもしれないという時も、学校をやりつづけるわけですね。鉄砲のタマがいつとんでくるかわからないので、江戸の市民は逃げ出している時に彼は逃げ出さない。それに惑わされないで勉強は続けるのです。外の騒しい中で勉強をやりまくっているというのも相当なものです。自分のうちの近くの芝の海岸には伝馬船をやとっておいて、いざという時にはいつでも逃げ出せるよう楯まで用意してあったのですね。臆病なのか用心深いのかちょっとわかりませんが、とにかく大胆にして用心深いということでしょうね。そして、「丁丑公論」について言いますと讒謗律《ざんぼうりつ》にかかわることを恐れないで、後世の人のために西南戦争というものをちゃんと書いておいた。後世を誤まらせないように。この調子で行くと日本は官許の議論しかしなくなると思ったのですね。西南戦争というのは日本最後の内乱だということです。あれ以後日本にはあのような内乱はないのですから。今日の歴史学研究者は、その史実を認めるべきです。内乱の性質がいかなるものであったかという点からでも追究すべきです。そうすれば「丁丑公論」に近づけるのですがね。

古在　そういえばあまり学者がいじらないですね。

藤田　そうです。やばいと思っているのでしょう。独立の意見を持つということを恥ずかしく思う風潮があるのでしょうか。福沢と逆なんですね。独立の気風を避けたいという気風が、今日までつづいているのでしょうか。

　福沢というのは今日にとっても大事な存在ではないかと思います。具体的な点をあげると、先ほど言われたように官民調和論とか、日清戦争の時も義捐金集める例とか、また脱亜論とか、いろいろあげて、よくその真意を検討してみた場合、評価すべき点の方が多いだろうと思うのです。つまり、それらを通じてさえ腕力主義ではないということ、気風を大事にした

というこ とですね。気風というのは所作、動作、生活態度、行動様式です。そういうものの総合体として社会というものがあるというのです。そういう社会の気風によって支えられていない国というのは、独立国家であっても弱いものにすぎない。弱いから腕力主義になるのだ、独立の気運がしっかりしていれば腕力主義にはならないというのです。この気風を軍事的に消すということはできませんね。核戦争は別ですが。それ以外の古典的な戦争の場合、勝ち負けで独立の気風を消すわけにはいかんですものね。

古在　丸山眞男さんなんか割合に福沢的ですね。

福沢諭吉の哲学

藤田　ええ。論文で「福沢に於ける『実学』の展開」と「福沢諭吉の哲学」という二本があります。一九四七年と一九五一年とに出ました。名論文です。福沢の物の考え方を、五〇枚くらいではっきりさせておられます。その時のある批評では、あれは「福沢の哲学か、丸山の哲学かわからん」などというのも出ました。「軍国主義者の精神形態」（『現代政治の思想と行動』未来社、所収）というのもいい論文で、軍国主義の支配体制のなかに宿っている心のあり方、構成様式とか、振る舞いのあり方などに関して『潮流』という雑誌に発表されたものです。日本の軍国主義のひとつの特徴は「抑圧移譲」、抑圧を下へ下へと移して行くということですね。この抑圧移譲という言葉を使ったのは、福沢がはじめてです。福沢が先生ということです。丸山さんは「瘠我慢の説」はあまり評価しないのです。晩年の福沢が人間なんてちっぽけなものだ、天地の大きいのに比べればというようなことを言うのは仏教的な見方に近くなっている、というふうに書いておられます。これは肯定的というより、どちらかといえば批判的に見ておられるということですね。それは、四〇年代末のことです。福沢にはそういうある種のニヒルな面があるんです。

彼は、自由自在で物事にピタっとくっつかないのです。たとえば、西南戦争にしても薩摩側にペタッとくっつくでもないし、西郷を八方からたたいている翼賛体制的議論には無論絶対にくっつかないのです。いろいろ見てきた面と自分でも経験してきた面とで判断をするのです。幕末には薩長を討てなどと言っているのですからね。幕府の役人の翻訳係（幕府外国方翻訳御用出役）をしていたから、よく見ているわけです。勝海舟、榎本武揚はこんなえらそうなことを言っていましたなどと、当人たちに対して届けているのです。それに対する勝海舟の返事がまた見事なものです。「はからずも私の先年の行いについて数かずの御批評をいただき有難き次第に御座候う」というようなことを述べ、「行蔵（出所進退の意）我に存す。毀誉は他人の主張、我にあずからず我に関せずと存じ候」などと書いています。

古在　僕は福沢諭吉というのはもちろん子どものころから知っていました。大学にはいってドイツ語の哲学史を見たら、日本の哲学者は二人しか入れていないのです。福沢諭吉と中江兆民とね。一九二〇年代のことです。中江兆民なんて日本では哲学者だと思っていなかった頃ですよ。哲学者といえば西田幾多郎などというのが哲学者だと思われていた頃です。だからこの二人が出ているのが不思議に思えたのですね。帝国大学のアカデミックな空気のなかにいて、体系的な哲学論文でも出す人が哲学者だと思っていました。しかし実は哲学というのは、日常生活からとび離れたところにあるのではなくて、もっと現実とかみあったところにあるということがだんだんわかってきたのです。それで、ドイツ語の哲学史にこの二人しか出ていないということもわかるようになったのです。東京帝国大学に哲学科ができたのは明治二〇年ころだったので、その時から哲学の教授なども何人もいたわけです。しかし現実の問題にかかわった大学教授などあまりいないのです。民間にはいくらかいました。中江兆民は土佐、福沢は大分県の中津の出ですね。二人とも欧米にも行き、明治維新後には実際の仕事にかかわった人たちですね。東京帝国大学は明治一〇年ころにできて、そこの学者たちはますます象牙の塔にとじこもってしまったのですね。僕なんかもそういうのが哲学者だと思っていたのです。中江のものも、福沢のものも、大学を出てから読んだのです。今では福沢も大変に評価されたのかお札《さつ》になってますね。政治の方は軍国主義的な傾向を強めているのにお札の方が文化的ですね。福沢自身のことは学校の教科書などにも出ているから、特に略歴をのべる必要はないと思いますが、この「瘠我慢」などでとりあげている勝海舟とか榎本武揚などについては世間ではあまり知られていないのですね。

榎本武揚

藤田　榎本武揚が亡くなったのは一九〇八年ですから、日露戦争のあとですね。彼は函館の五稜郭にたてこもって官軍に抵抗したのですが、この五稜郭というのは、幕府が幕末に西洋風の築城ということで建てたものです。そのことと榎本が函館まで行ってたてこもったということは関連があるのです。

大阪から咸臨丸に乗って行ったのですね。彼が幕府からオランダに留学させられ、その時にオランダの造船所でつくってもらったのです。彼がその造船の監督もしたということです。榎本というのは江戸生まれで、幕府にいて勝とともに江戸の華《はな》とまでいわれた人です。勝は江戸の深川生まれ、榎本は神田の明神下生まれで、そのあたりで子どものころは遊んでいたわけです。榎本は福沢より一歳下くらいです。勝の方はうんと年上でひとまわり以上も上です。

勝も榎本も江戸時代から蘭学を学んでいます。また二人とも開国派なのです。日本の歴史では、明治維新以後を文明開花の時期のように言っているでしょう。もちろん維新後に包括的に文明は開花するとは言えますが、その要素はそれ以前に既につくられているのです。安政の仮条約などというのは、江戸幕府が欧米五ヵ国と結んだ通商条約なのです。そういう動きの中心にいたのが榎本なのです。「瘠我慢の説」に石河幹明の序文のようなのがありますね。その中に出てくる木村芥舟と栗本鋤雲にだけこの文を当事者以外に見せたということです。この芥舟という人は咸臨丸でアメリカへ行く時に、軍艦奉行すなわち最高司令官として行った人です。その時に勝も行くのです。彼は咸臨丸の艦長格です。維新後、木村芥舟はまったく隠遁して、一切明治政府とは関係を持たなかった人です。そういう人ですから、福沢は非常に昵懇にしていたのです。安政五年に咸臨丸がアメリカへ行く前年に、福沢は大阪から江戸に出ていたのです。そしてアメリカへ使節が行くということを聞いて、自分も是非行きたいということで、摂津守であった木村芥舟に申し出たのです。そして、木村芥舟の従者ということで福沢は乗りこんだのです。福沢が乗りこんだ咸臨丸は、一〇〇トンの蒸汽船です。これで三七日かかって太平洋を乗り切ったわけです。始終ゆれ通しにゆれ、凪いだ日は数日だったといいます。三七・八度までかたむくのが常だった。勝は船酔いでキャビンにこもりきり。福沢は平気で勝の面倒を見、主人である木村芥舟の面倒ももちろんみたのです。

サンフランシスコに着くと、アメリカ人は非常に歓迎してくれたのですね。工場とか電気のしくみとかいろいろ見せてくれたということです。福沢は幕府の取調所につとめてめしを食っていて、当時としては、欧米のこと、その文明のことをよく勉強していましたから、工場制度とか科学、機械技術のことなどにはほとんど驚かなかったが、社会の感覚のちがいにはまったく驚いたと『福翁自伝』に書いていますね。たとえば、アメリカ人にアメリカの独立を指導したジョージ・ワシントンの子孫はどうしているのかなどと聞いても、ほとんど知らないのですね。日本ならば源頼朝の子孫はどうしているかとか、徳川家康の子孫はなどといえば皆知っているから、あちらもそうかと思ったら、ワシントンの子孫のことなどまったく関心をもっていないのですね。日本人の関心の持ち方と非常に違うことに驚いたというのです。面白いですね。驚きのないところ意識はないとヘーゲルも言っていますが、関心のないところに認識はないわけですね。そういうところに驚きを感じ、社会意識の違いを認識したのです。そういう意識でアメリカを見たのですね。彼はみずから進んで行ってみたいと願って行ったのですから、誰よりも収穫があったのでしょう。

古在　福沢は「瘠我慢の説」を書き、勝安房（海舟）と榎本武揚に届けた以外には、このアメリカ行きの時に福沢が従者の役を務めた木村芥舟にも届けているのですが、この三人がともに咸臨丸に乗って行ったわけです。同じ幕府の中の開国論者であった榎本武揚は船に興味を持ち、そして海軍の担当をしていたのです。この人も福沢がアメリカへ行った時、他の船でコースは少し違えて行っているのです。「瘠我慢の説」では、勝とともに榎本の維新後の身のふり方について鋭い批判をしたのです。さきにあげた木村芥舟と栗本鋤雲は、維新後も幕府の重臣であった者として、身のふり方を厳しく守ったことで、福沢がおおいに尊敬した人たちです。この他に成島柳北という幕府の学者であり、文人であり、騎兵奉行、外国奉行もして、維新後「朝野新聞」という改進党系の新聞の主筆だった人がいます。明治時代の最初の新聞統制検閲にかかったのがこの人です。この法令は明治七年ころに出て、最初にやられています。栗本鋤雲も新聞記者をしていました。この三人は幕府の時代に開国を準備し、実際に開国をやった連中なのです。出所進退において、この二通りがあるわけですね。時代がくっきりと変わる場合には、どこの国でもこういうことはおこるのです。その一方の側に立って福沢は書いているのですね。福沢というとすぐ明治維新と思うのですが、彼は維新前から開国派であったのです。明治政府になって、かなりアドバイスもしているが、立場は非常に微妙なんです。彼は決して官途につこうとはしなかった。その点で彼は栗本や木村とは同志的関係であったわけです。そういう意味では反政府的なのです。幕府の遺臣であるならば、官途につかない事が大切だというのですね。

尊王攘夷というのは、まったく徹頭徹尾戦術的だったのですか。

藤田　その面もありますね。そうでない人たちもいたのです。

古在　木戸孝允の日記など見ると、天皇という玉《たま》をどちらがとるかというようなことが書かれていますね。天皇を尊敬なんかしてないいんだ。

藤田　将棋の駒のようなものですね。天皇を尊敬している人間たちを利用したわけです。そうでなきゃ革命はできませんよね。

古在　当時の庶民は尊敬していたのかな。

藤田　やはりしていたのでしょうね。そこははっきりわかりません。中世の時代にはそういうことから解放されていましたが、江戸時代には変わってきています。

古在　たとえば相撲の世界では、熊本に吉田司家というのがあって、そこへ一応あいさつに行くのです。各シーズンの場がはじまる時にね。庶民にはそういう権威のようなものが必要なんだろうね。明治になって、この攘夷派は開国とどう結びついて行くのかな。

藤田　攘夷というのは敵を撃って排除するという考え方ですから、敵を知らなければならないわけです。孫子の兵法じゃないけれど、そこへ結びつくわけです。しかし幕府の連中ほどはそれを実際にはやっていなかったので、勤皇の志士たちには事実の知識はなかったのです。幕府にいた榎本武揚などはロシアなどよく知っていたので、明治になるとロシア大使などにもなれたわけです。明治政府としてはどうしても欲しい人間なんです。福沢はそれにのせられたんじゃないかと榎本をなじるわけです。

勝海舟について

古在　じゃ、勝をひとつおねがいします。

藤田　勝はここにでてくるなかでは一番年上です。徳富蘇峰が「天保の老人」は隠退しろといったことがあるのですが、その対象になるわけです。蘇峰は若者文化のはしりを言ったのです。便乗派ですからね。福沢も天保六年、木村芥舟は天保元年生まれ、栗本と勝はそれより前の文化文政の方で、一八二二年生まれですから福沢よりひとまわり上です。

勝の曽祖父は、越後の小千谷から出て来て、江戸で幕府の大奥の医者をしていた石坂という人に道端でひろわれるのです。そしてその医者の家の雑用係の人たちの部屋に住めるようにしてもらうのです。盲目で検校の位にまでのぼり、小谷検校といわれ大いに金もうけて、自分の子を金をつけて旗本の武家に養子にやったのです。

江戸時代というのは身分制度がはっきりしていたというけれど、日本のは江戸時代といえどもインドのカースト制度のようにきちんとはしていないのです。かなり柔軟に金でどうにでもなったのです。徳川政権があれだけつづいたのも、鎖国とかいろいろな条件があったけれど、この身分制度の柔軟さということもひとつの条件であるといえるのですね。あとつぎに優秀な子を金で買ってつがせるとか、優秀な他家の子を養子にするとかいう方法がかなり行きわたっていたのですね。勝家に養子に行った子にできた小谷検校の子が小吉といって、勝安房の父親にあたるのです。大変にいたずらで山師的なところがあって、頭はよかったようです。江戸町人的なのですね。この江戸町人的武士というのがいたのです。謙遜と度胸とはったりと、いろいろかねそなえているのです。勝安房はそういう父親の下で育ったから、江戸城明けわたしなどという策をとって、江戸を日本を戦火から救ったのですね。

　福沢もその点は決してはずさず、功績だとしています。勝小吉というのは、母方の勝という家に養子にやられ、そこにできたのが安房なのです。祖先をたどると曽祖父の小谷検校は、おそらく越後小千谷の農民よりも身分のひくい出かもしれないのですが、大変な才能をもっていた人のようです。勝安房も頭はいいし、口はうまくて、だますのは名人です。人が訪ねてくれば口でおどかすということもしばしばやったようです。行動について人から批評されるのは、昔から偉い奴にきまっているとさえ言っています。ですから福沢から「瘠我慢の説」を送られた時にも、前にも言ったような返事を出しているのです。

　幕末には長崎に行って海軍伝習所をつくり、坂本龍馬と会ったのも神戸の海軍操練所にいたころですね。

古在　そういうのに会って幕府からはにらまれないのかね。

藤田　それが彼の仕事ですから。倒幕派の志士の連中にはそういう気風もあったでしょうけれど、開国派の彼はいろいろな者も知っておく必要があったのですね。

古在　高野長英は地下にもぐっている時、勝に会っている。勝はかくまってやることは出来ないが、といって荻生徂徠のある著書を与えるんだ。高野長運の『高野長英伝』に出てきます。

藤田　そうですか。勝は佐久間象山の義兄なんですね。もちろん長英と佐久間はよく知り合っていた。勝の従妹が象山の夫人なんです。蘭学者グループですね。井伊大老は、海軍のことを勉強しようという者を弾圧したのです。神戸の海軍操練所はとりやめになるのです。それで木村摂津守（木村芥舟）などは憤然としたということです。安政の大獄というのも井伊の弾圧によっておこるわけです。開国派といってもこういう反動的なやり方のもいるので、開国史はもう少し考え直した方がいいように思えます。

古在　勝には幕府の運命がよくわかっていたのですね。なかなかずるいところがありますね。

藤田　きわめてずるいです。

古在　福沢もずるい。僕の母親〔清水紫琴のこと——編注〕が『女学雑誌』の記者をやっていた時、勝を訪ねてインタビューをしたことがあるんだ。母親から聞いた話では、勝というのは話が実に面白いそうです。二〇歳を少し出た頃のことです。帰る時に玄関まで送ってきて、勝が「またおいで」といって、「またというのは明日や明後日のことじゃなくて、しばらくたってのことだよ」と言ったそうです。

藤田　人名辞典によると、勝安芳《やすよし》、通称麟太郎、本名義邦、海舟と号す。安房守をしていたところから、後に安芳と名のるようになったのですね。海舟という号は佐久間象山が「海舟文庫」と書を残してくれたことから、この号を使うようになったのです。明治になってからは、明治六年（一八七三年）参議兼海軍卿に、明治八年（一八七五年）元老院議官、辞表を出して免官となる。明治二〇年（一八八七年）には伯爵となり、その翌年枢密顧問官に任じられた。このことで福沢にたたかれているのです。一方、榎本武揚の方は、五稜郭で黒田清隆の軍に敗けた時には、割腹自殺をしようとしたのですが、見つけられて果たせず、三年間監獄に入れられたのです。けれども黒田清隆などが、榎本を役に立つ人物だと惜しんで会いに行ったのです。そして釈放され、そのあとすぐ下っぱ役人として、北海道にやられるのです。その後はロシア外交を担当させせられるのです。黒田とはその後終生信頼しあう仲になるのです。

　勝の方は明治政府はすぐに用いようとします。明治二年（一八六八年）六月に外務次官のようなものに任ぜられても、六月二三日に辞表を出すのですが、それは却下されるのです。そこで勝は徳川家達などに辞表が入れられるように頼むと、八月一三日に辞職が許されます。その年の一一月にはまた軍法次官のようなものに任ぜられるのですが、これにも辞表を出すのです。これは次の年の六月に辞職を許されたのです。そして明治五年（一八七一年）に、赤坂氷川町に隠居したのですが、その年の六月には海軍大輔に任ぜられます。海軍卿というのが大臣ですから、次官のようなものでしょう。明治六年は征韓論をめぐってゴタゴタしはじめたのですが、勅使として露国に派遣されるのです。そのあと参議に任命されます。その翌年参議兼海軍大臣に任命されたのですが、一年七ヶ月で、明治八年（一八七四年）四月に辞職しています。それから元老院議官に任ぜられたのですが、これもすぐ辞表を出していまず。

　だから決して出世欲でなりたがったわけではないのです。福沢にはそこまではわからないのですね。しかし結果としては、伯爵、枢密院顧問ということになるので、たたかれたわけです。枢密院の方も辞表を出したのですが、これは却下されたわけです。伯爵を受けたのはどうしようもないですね。咸臨丸で一緒にアメリカへ行った木村芥舟など、そのころまだ生きていたのですが、一切そういうことはなく、栗本鋤雲にもなかったのです。福沢は個人攻撃のためでなく、明治時代にこういうことになった人間のことを誰ひとり批評をしていないから、自分は教えてやったのだという気持ちなのでしょうね。
勝は『海軍歴史』『陸軍歴史』というのを書いています。これは幕末から明治維新に移る時代の両軍の歴史であって、彼ほど外国のことに通じていた者はほかにいないのです。陸軍の方は、西郷の方が実務的な面では精通していたといえましょう。明治政府としては、それまでは何かにつけて犬猿の間であった薩長を、分裂させずに幕府に勝たせてもらった勝ですから、非常に大事な人であったわけです。

「瘠我慢」の意味

古在　福沢の榎本や勝に対する批判は、今日見てどうなのでしょうね。瘠我慢という言葉の意味は今のとはちがいますね。

藤田　そうですね。暑いけれど我慢するなんていうのとはちがいますね。弱いけれど独立の人格ならば、それらしくきちんとしている、ということでしょうね。独立の人間ならば貧乏であり、社会的には弱い位置にあっても、きちんとした姿勢でいろということじゃありませんか。金も欲しいし、地位も欲しいけれど、それよりも大事なことは、みずからの意志に反するようなことまでして得るべきものではないということでしょう。出処進退の大切さですね。古在先生は身をもってそれをなさってこられましたね。

古在　何を？

藤田　出処進退の正しさを。

古在　今の政治家はあの時代の人たちとは比べようもないね。人物の桁が違うね。今の世間にこんなこと言っても通用しないね。

藤田　TVなんかで見ていても、政治家で品のいい顔の人がいないですね。政治家だけじゃないかもしれないな、自分の顔は見えないから言うだけで。昔はゆとりがあったから、品のいい顔もしていられたのでしょうけれど、今はどうもね。

古在　今、どちらかといえば財界の首脳たちの方がいい顔しているんじゃないかな。土光とかね。石坂泰三とかね。ボリュームがあるね。

藤田　現在の主権者たちですからね。

古在　今の大臣たちにはあれだけのがいないね。

参加者　転換期だったからああいう人間がバァッと出て来たのじゃないでしょうか。

古在　明治ね。今は戦争終って四〇年。明治と同じくらい経て来たのだけれどね。

藤田　戦争終わってもう少し何とかなるかと思っていたのだけれど、食えるようになっただけだ。瘠我慢に帰りますと、劣勢に立った時にしゃんとするということを言っていますね。愚痴を言わないという点では、福沢は実にカラッとしていますね。古在先生もそうですね。先生の愚痴というのは聞いたことがない。どんなに貧乏しても、あわれだなんて思わないでしょう。Self pity なんてないでしょう。

古在　あらためて思わないけど、金がないと困るよ（笑い）。

藤田　バートランド・ラッセルが嫌がった“Self pity”（自らをあわれむ）というのがいけないですね。自分で自分をあわれんでいる姿は権威がなくて。『福翁自伝』にはそれがなく、カラッとしていますね。ヨーロッパのベルギーだとかオランダのような小さな国が、大きな国々の間にいてちゃんと独立していることを福沢は感心しています。日本人は愚痴の多い方ですね。瘠我慢は愚痴の反対ですよ。先生もそういう点で瘠我慢の方で、その点吉野源三郎先生と似ていますね。いつかの夏、吉野先生が珍しく思わず「暑い」と言われたら、それを聞いていたお嬢さんがよろこんだというのです。笑ったら「暑くて気持がいい」と言われたそうです。

古在　福沢の独立自尊の精神はどこから来ているのかな。

藤田　アメリカやヨーロッパで買った本で学んだのでしょうけれど、もともとそういう人なんですね。あの人の勉強の経過を見ますと実に独立不羈ですよね。そういう気風は侍《さむらい》にはあったものです。一〇代でひとりで長崎まで勉強に行きますね。中津から歩いて行くのですよ。そこで一心不乱に勉強をして、また大阪に行くのです。緒方洪庵の塾に行って、たちまち塾頭になるのです。それから江戸に出て、咸臨丸がアメリカへ行くことを知って、行く手つづきをどんどんひとりでやるのです。太平洋横断中、船はほとんど大ゆれにゆれたのに、まったくへこたれなかったというのです。監獄の中にいると思えばいいと言ったそうですよ。体もつよくできていたのかもしれないけれど、とにかく強いですよ。みずから志願して乗ったのだから、弱音ははけないということもありますね。アメリカで見るべきものはちゃんと見て来ているのです。社会の素地のちがいや独立などということに気が付くのです。ああいう時には、実にえらいのが出てくるものですね。

古在　独立ということは『文明論之概略』に出てきますね。

藤田　強いとか弱いとか、勝つとか負けるとかということは大したことではないという考え方です。フィヒテの『ドイツ国民に告ぐ』の中の考えとよく似ていますね。

古在　それでは今夜は、このへんで。

日本思想史への新しい視角
――統一戦線形成と知識人の役割――

……………古田光

【解説】

この講演は、一九八八年五月熱海で全民研の大会準備集会が開かれた時のものであり、「未来をひらく教育」七三号、七四号（一九八八年）に収録されている。古田光氏は、全民研の初代会長である古在由重氏の後を引き継ぎ、一九八六年八月より一九九〇年七月まで会長として尽力された。一九二五年旧満州撫順で生まれ、旧三高を経て、東京文理科大学哲学科では務台理作、下村寅太郎に師事された。横浜国大を定年後富山国際大学に勤務された。二〇〇七年三月一七日逝去、享年八二歳であった。氏は、古在氏の自宅で開催されていた通称「古在ゼミ」の常連であり、古在氏の懇請もあって副会長から会長に就任していただいた。古田氏は生涯寡作であったが、単著『河上肇』（東京大学出版会）は今日に至るも名著としての評価を得ている。

この講演の副題「統一戦線」という言葉も今日では死語である。しかし「思想の並存」について語っておられる部分は、思想の厳密さと〝生活を貫く思想〟とでも言える関係について現代的な示唆を与えてくれる。古田氏と僕と井口靖さんの三人の鼎談「宗教と社会と教育と」（「未来をひらく教育」一〇五号、一九九六年七月）は僕にとって印象に残る話し合いであった。この鼎談に注目したのが、当時朝日新聞の「こころ」のページで「宗教と教育」を担当していた菅原伸郎氏（現東京医療保健大学教授）であった。唯物論研究会の委員長であった古田氏が、教育界や社会科学者の「魂の解放」への無関心を指摘された点に関心を持ったようである。『宗教をどう教えるか』（朝日選書）にまとめられている。

（服部進治）

「統一戦線の形成と知識人の役割」という観点から日本思想史をふり返ってみると、そこにどういう問題があるか。これが私に与えられたテーマであります。ところが、いま私が関心をもっているのは日本の古代から中世にかけての思想・文化のあり方なのです。そのつながり方について、後で少しふれてみたいと思っております。

ところで、去年、全民研の有力な会員の一人である太田哲男さんの『大正デモクラシーの思想水脈』という本が同時代社から出ました。その第一章「大正デモクラシーの思想史研究への一視角」に「多様な思想的立場の協力の前提をめぐって」という副題がついています。これはこのテーマと直接にかかわる考察なので、さし当りこの論文を手がかりとして問題点を考えてみたいと思います。

それから、今年になって、吉田傑俊さんの編で『現代日本の思想』という本が梓出版社から出ており、その第一章「変革主体像の展開と課題」の副題が「近代日本における知識人と民衆」となっています。この論文もきょうのテーマに非常に関係すると思います。全民研は民主主義的な変革主体をどう育てるかというのが中心テーマだと思いますので、変革主体というのはどういうものかということを考えながら、少し紹介してみたいと思います。

何に対する統一戦線か

そういう問題に関する私自身の著作としては、子安宣邦さんとか山田洸さんと一緒に書きました『日本思想史読本』というのが東洋経済新報社から出ています。ほかには、一昨年、『思想と現代』という雑誌に「戦後思想の一つの遺産」という題で務台理作さんの哲学について書きましたが、そのなかで「統一戦線を支える思想」ということで、少しこの問題に触れたところがあります。これらの考察を手がかりにしながち、全体を、統一戦線の問題、知識人の問題、それから何に対する統一戦線かということで「新国家主義」と呼ばれている思想の問題、この三つぐらいに分けてお話ししたいと思います。

じつは昨日、下宿している娘がたまたま帰って来ましたので、「統一戦線」という言葉を知っているかと聞いてみましたところ、娘は早稲田大学で美術史を学んだのですが、統一戦線なんて聞いたことがないと言っておりました。どうも、いまの大学生の水準からいうと、統一戦線なんて言われても何の話かよくわからないというのが多いかもしれませんね。少し解説しておきますと、一九三五年にディミトロフがコミンテルンの作戦を変更して、それまで社会民主主義をマルキシズムに対する主要敵として糾弾していた作戦を改めて、ファシズムに対抗するために社会民主主義とも手を結ぶという、いわゆる人民戦線の路線を打ち出すわけです。つまり、何に対する統一戦線かというと、もともとはファシズムに対抗して反ファッショのあらゆる勢力を結集する運動ということになります。これはかなりの成果は挙げたけれども、特にスペイン戦争のいろいろな葛藤があったりして、結局うまくいかなかったわけです。

中国における国共合作というのも一種の統一戦線でして、これは日本ファシズムに対する中国の民族統一戦線です。国民党と共産党が手を握って、これは見事に成功しました。

そういう統一戦線は、日本においても、戦前に日本無産党の加藤勘十、鈴木茂三郎らによって提唱されはしたが、弾圧によってすぐつぶされてしまいました。しかし、その流れを戦後の反ファシズム運動や平和擁護運動のなかでどう生かしていくかという問題があります。この点について、太田さんは先ほど言いました本の第一章の初めのところで、一九五〇年に出された講和問題に関する平和問題談話会の声明を紹介して、なぜそういうことが成り立ちえたかということを問題にしておられます。つまり、このときには全面講和か片面講和かという問題をめぐって、全面講和でなければ平和は達成できないという声明に、安倍能成、天野貞祐、和辻哲郎……というような人びとまで含めて、多数の知識人が署名している。戦後生まれの太田さんにとっては信じがたいようなことが起こっている。太田さんはこれに驚いて、そういうことがこのときになぜ成り立ちえたかを問題にしておられます。

これについては丸山眞男さんが、戦後初期には知識人の共同体――これは戦争をとめることができなかったという悔恨に基づくものだというので、丸山さんは「悔恨共同体」と命名しているわけですが――があった。それが母体になっていろいろな知識人たちの活発な運動が起こった、特に朝鮮戦争などを契機として、平和問題をめぐって、平和のための統一戦線というか、そういう動きが起こってきたということを述べておられます。この声明はその現われですね。

知識人が主導するスタイル自体への疑い

そこから始まって、なぜそれがうまくいかなくなったのか、多様な思想的立場の協力というのはいかにして可能かということを考察して、現在それが非常に困難になっている理由を、太田さんは次のように述べています。

第一に知識人の系列化。知識人が各政党ごとに系列化されていて、体制派知識人というものも出現している、こういう状況が知識人主導の統一戦線を不可能にしている、と。系列化されてしまうと知識人の自由というのが非常に束縛されるわけですね。知識人が知識人であるのは、思想信条の自由を確保したうえで発言しているという立場があるわけで、それがレッテルを貼られたり色目で見られたりするということでは本当の意味での協力は不可能だ、ということです。

知識人とは何かという問題は次に考察しますが、太田さんが二番目の理由として挙げているのは、知識人が主導するスタイル自体への疑いです。つまり、知識人が上から啓蒙的に指導しているというスタイル自体がおかしいのではないか、ということ。これにはメリットもデメリットもあるであろう、と書いておられますが、何がメリットで何がデメリットかということには立ち入っておられない。

いま挙げた、知識人の系列化と知識人主導型の運動に対する疑いというのはどういう理由で出てきたかというと、まず第一に、高度成長によって現状肯定的な意識が広まってきたこと。第二に労働運動の闘争力の低下。これは闘争方向に非政治化的な傾向が出てきたということですね。それから、第三に政党の多党化、価値観の多様化という問題。第四に、権力側が非常に巧みに争点をそらしていく、政治手法の問題ですね。五番目に、マルクス主義的立場のある種の思想的弱点ということを、太田さんは言っておられます。これが、太田さんのその後の考察の基本的な視点になるわけです。

その弱点というのはどういうことかというと、異なる思想的立場の並存を内包しつつ戦線を構築していく論理に欠けている、要するに、社会主義と民主主義の結合の問題であるというふうに言っておられます。つまり、いろんな違った思想的立場の人が集まって一緒に戦線を構築していく場合の論理がないということですね。この場合のマルクス主義の思想的弱点というのは、社会主義運動のなかで民主主義を生かしていく姿勢というか態度、そういうものが弱かったのではないか、そういう反省があるわけです。

大正デモクラシーの精神

ここで太田さんは、〝大正デモクラシーの思想が破産してマルクス主義へいった〟とか〝大正デモクラシーを克服してマルクス主義へいった〟というふうによく言われるが、実態はそうではなくて、あるマルクス主義者のなかには前提として大正デモクラシーの精神が生きていて、生きていない人の場合にはある弱点となって現われてきているのではないかという問題を出されています。

その例として太田さんは、加藤周一――いわゆるマルクス主義者じゃないわけですが――の回想をあげています。加藤周一は、芥川竜之介を通じて反軍国主義・日本歴史の偶像破壊というものを学んだ、要するに大勢に順応しない批判的な精神を、芥川竜之介を通じて学んだ、というわけですね。その大勢に順応しないということを知的に組織していく方法としてマルクス主義を学んだ、と回想しています。

さらに、尾崎秀実の場合を挙げておられます。尾崎秀実は一高に入るまで台湾で育って、植民地の民族差別に対して人道主義的な立場から同情していた。高校・大学では新カント派的な自由主義、いわゆる大正デモクラシーのなかにあったんだけれども、彼はそれをとおしてマルクス主義へいったわけではなく、むしろ台湾での人道主義的な感覚がそれをとおして生かされていったという告白をしている、と。

全民研の名誉会長である古在由重さんの場合は、新カント派の哲学を勉強しておられたのが、個人の尊厳とかヒューマニズムというものを媒介にしてマルクス主義へいくという経路をとったし栗田賢三さん、吉野源三郎さんの場合もそうでして、粟田さんはそういうヒューマニズムを克服するのに時間がかかってやっとマルクス主義に到達した、という語り方をしておられます。

大正教養主義とか大正ヒューマニズムとか言われる大正デモクラシーの思想、それは非常にひ弱であったというふうに批評されていますが、案外、そういう洗礼をくぐってきたマルクス主義者は統一戦線への理解が深い。古在さんは家永（三郎）さんから、あなたはマルクス主義者としては珍しくひらかれた態度をもっている、というふうに言われているわけですが、そういう面があるんじゃないかと太田さんは述べておられます。

教養主義の代表とされている和辻哲郎なども大正デモクラシーの思想に入るのか入らないのか、という問題がありますね。つまり、大正文化主義とか大正教養主義とか言われているもののなかにも、反マルクス主義的な、あるいは国権主義的な方向に向かうものと、デモクラティックな方向へ向かうものと両方あったんじゃないかという推察が成り立つわけです。一般に反動イデオロギーと言っても、その中身はかなり複雑です。昭和のマルクス主義というのは勢いは盛んだったけれども、わりと早く転向しちゃっている人が多いですね。佐野・鍋山などはトップですけれども。だから私は以前から、何を媒介にしてマルクス主義者になったかというマルクス主義への入り方に問題があると思っていたんですが、太田さんはその問題をとりあげて大正デモクラシーに注目しておられます。

鹿野政直という思想史家——早稲田の人ですが——は大正デモクラシーの思想を非常に広くとって、

そこにはさまざまな形で非天皇制文化の胎動があるという見方をしています。非天皇制文化というのはどういうものか。後で天皇制イデオロギーというのはどういうものかということを考える場合に、そのワクを抜け出す思想はどういうふうにして出てくるかという問題があるものですから、興味をそそられるわけですが、非天皇制思想として鹿野さんが挙げている人のなかに、ここ（『大正デモクラシーの思想水脈』）に出てくる大杉栄とか柳宗悦とか南方熊楠とか吉野作造、矢内原忠雄という人たちが入ってきます。戦前の思想をひとくくりにして天皇制ナショナリズムと言われますが、これらの人びとはそのワクからどういう形で抜けていくことが可能であったか、そういう考察は現在にもつながるし、いま反ファシズム――つまり新ナショナリズムに対する――統一戦線が可能であるとすればどういう形で可能であるか、そういう問題につながってくるだろうというのが、一つの見通しです。

日本における民主主義思想の伝統

たとえば三木清がマルクス主義に接近するあり方は、『パスカルにおける人間の問題』を書いて、その後で『マルクス主義の人間学的形態』を書くわけですが、パスカルを論じている三木とマルクス主義の人間学的形態を論じているときの三木とは連続性がある、ちっとも違っていないんだというふうに三木自身が言っている。そういう問題をどう考えるか。三木は本当のマルクス主義者じゃなかったんだから、というふうに片づけてしまえばそれまでですが、とにかく接近する形がそこにあった。

日本における民主主義思想の伝統を掘り起こすという場合に、加藤周一さんと古在さんとの対談で、加藤さんがこういうふうに言っていますね。つまり、日本には三回自由が芽生えた、自由民権運動の自由と、大正デモクラシーの自由と、戦後民主主義の自由と。ところがその間に全然つながりがないということを嘆いているわけです。それに対して古在さんは、人民の底流ではつながっているんじゃないか、しかし表面的に見れば切れている面がある、というふうな答え方をしている。とにかく、デモクラシーというのはみんな輸入思想だというふうな言われ方をするのに対して、日本におけるデモクラシーの発達ということはどういう形で言えるか、これも思想史を考える場合の一つの大きな問題です。

太田さんのこの本は、そういう視角からいろいろな思想家をとりあげているという意味で非常におもしろい本です。この本を読んで、ある人が、いろんな人がバラバラにとりあげられていて、それぞれはおもしろいんだけど、いったい大正デモクラシーって何だったのかよくわからない、という批評をしておられましたが、実はこの本は普通の思想史とはちょっと視角が違うんですね。大正デモクラシーの思想とは何かということよりも、むしろこの時期の思想のなかに天皇制のワク組みを越えたいろいろな新しい思想が出てきている、そのいろいろな形態を分析し、まさにその「水脈」をさぐっているわけです。

ですから人によってとらえ方が違うわけで、大杉栄の場合には、第二次『労働運動』期にはまさに人民戦線的発想をしてボルシェビキとアナーキストが手を握るという方向を示していたのに、第三次『労働運動』ではなぜそれがだめになったという点が論じられていますし、柳宗悦では、日本の帝国主義・植民地主義による朝鮮人弾圧とかアイヌ人問題に対して、柳宗悦はどうしてあれだけ激しく闘ったか、ほかのことはあまり問題にしないのに、そこだけは非常に反帝国主義的な性格をあらわに出している、それはなぜかということを論じて、それは結局、柳の美意識のなかに根源があるのではないかという議論を立てておられます。これは私には非常におもしろかったですね。

つまり大正期の文化主義というのは新カント派ですから――私は先にあげた『日本思想史読本』のなかでもそういう問題意識で書いてるんですが――国家というものをある程度普遍的な文化価値というもので越える面があるんですね。福沢諭吉の文明論は明治国家と密着している文明論だった。富国強兵と結びつきうる文明論。論自体としてはそういうところを越えた面もあるんですが、具体的にはいろんな点で結びつく。ところが大正期の日本文化論は、芥川竜之介じゃないけれども、勲章をぶら下げて威張って歩くやつは子どもか軍人しかいないというような、明治国家のワク組みをどこかで越えているような発想がある。なぜそういうのが出てくるかというと、そこには文化的な一種の超越があるんですね。つまり、〝これは朝鮮のものだから、沖縄のものだから〟というんじゃなくて、美という普遍的な価値意識のもとにおいてこれはいいと思ったものはいいし、いい芸術を生み出している民族がいじめられているのは可哀そうだというふうに結びついていく。そういうところがなかなか説得的に書かれていいます。

「思想の並存について」

南方熊楠だけは、ぼくにはちょっとわかりにくいところが多かったです。だいたい南方熊楠という人間自身が桁はずれているからわかりにくいのかもしれませんが。彼は神社合祀反対運動を必死にやっているわけですが、それは彼の、日本の自然を保存するとか文化財を保存するとか、そういうものと結びついているんだという観点。彼は神話なども研究していますが、最初から日本神話にのめり込むんじゃなくて、比較神話学的に、南方の神話とかヨーロッパの神話とかいろんなものと比較しながら研究しているというような点を指摘しています。

普通は大正デモクラシーの思想というと吉野作造とか大山郁夫とかいう人を挙げて、民本主義は天皇制のワク内での民主主義である、美濃部達吉の天皇機関説がそうであるように天皇制は認める、しかし天皇は一種の飾りであって政治に介入するのはできるだけ排除するという機関説的天皇制を打ち出している、その点では明治国家的な天皇像とは違った天皇像を描き出している、というふうに言われますね。そういう観点から言うと吉野は単なる天皇制のワク内での民主主義にとどまったと言うのか、それとも天皇制のワク内であれ民衆のための政治ということで最大限努力した思想家だと評価するかというのは、むずかしい問題だろうと思います。

吉野・矢内原（忠雄）については、どちらもキリスト教徒として、また政治学者・経済学者として戦争に反対した、その根拠を問う、という形をとっています。この本では、民主主義的な、平和主義的ないろいろな動きが多様な形態をとって出てきた状況が探求されている。そういういろいろな思想がどうやって協力できるか、それが太田さんの根本的なテーマなのですが、その肝腎の協力の問題があまり書かれていないものですから、ややバラバラな印象を与える面もあったのではないかと思います。

最後にこの本では和辻哲郎における『古寺巡礼』の位置と、戦後における『倫理学』の書き換えの問題をとりあげています。目のつけどころが非常におもしろい論文です。和辻の美意識が柳宗悦の美意識とどういうふうに違っているか、その美意識の違いがどういうふうな形で社会思想の違いに及んでくるか、かなりキメ細かく分析しておられます。

和辻さんは『古寺巡礼』のなかで、朝鮮人がつくった作品にはいいものがあっても目もくれないで、インドから渡ってきたというようなことばかり強調していると、太田さんはいうのですが、そういうことは、確かにあるでしょう。それは、和辻さんの美意識のなかに初めから民族意識や国家意識が入り込んでいて、和辻自身の日本古代というものをつくりあげていたのではないか、それが倫理学にもつながっていくから、和辻が国家主義になっていくというのは無理もない、和辻が自由主義者であるか国家主義者であるかといったらやはり国家主義者じゃないか、という結論になっています。これは後で、現在の新国家主義と和辻がどうつながるかという問題にも関係するんですが。

私は、一般に思想というものはいろいろな方向性をもっていて、なんとか主義という形で単純に割り切れない面をもつと考えています。この本を読んでそういう点でいろいろ考えさせられるとともに、統一戦線と知識人の問題を考えるためのいろいろな手がかりを得ました。特に、異なる思想的立場の並存を内包しつつ戦線を構築していくということは、非常に大事だと思います。

蔵原惟人さんが「思想の並存について」という論文を書き、私もこの論文に関連して思想の並存とは何かということを論じたことがありますが、思想への並存を原理的に認めるということはマルクス主義を含めての思想を相対化することだと思う人ですね。〝ほんとはこれがいいんだけど、やむをえず一緒にやっていくんだ〟というような並存では、どうも並存ということにならない。相手が言っていることを認めるということは、いいと思った点は率直に認めてとり入れるということでなければならないでしょう。それがなければ並存ということにならない。そういう意味で私は、蔵原さんがそう言われたことをたいへん歓迎したわけです。

並存をとおしてどうやって協力していくかという論議がないと、いろいろな民主主義団体が協力して新国家主義イデオロギーを包囲するということは、ちょっと不可能になってきます。それがうまくいかないと、バラバラに各個撃破ということになってしまうと思うんですね。思想の自由というのは知識人のエッセンスですが、自由を守りながらどうやって協力できるか、あるいは組織化できるか、そこのところが知識人の問題として今日につながる大きな問題だろうと思います。

この点に関しては日本の人民戦線の歴史というのは現在も必ずしもうまくいっていないわけですが、失敗に学んで大いに成長するということは必要じゃないかと思います。みんな同じようなところで気勢をあげていて、異分子が入ってくるといじめて排除してしまうということではいけない。このごろ教育で「いじめ」ということが問題になっていますけれども、それは単に教育だけじゃなくて、一般のいろいろな大衆運動の進め方などにもそういう現象がありうるのではないかと思います。

個人という主体性の問題

統一戦線という問題に関連して務台理作さんのことにふれますと、務台先生の思想は、まさに平和のための統一戦線の、その思想的裏付けをどうつくるかという哲学だったと思います。こうした志向は真下信一さんや古在由重さんの考え方のなかにもはっきり現われています。一九四八年の『世界』に掲載された「唯物史観と主体性」という座談会で、いろいろな人が変革主体という問題をめぐって論議していますが、そこで真下さんは、主体性論をとおして階級やイデオロギーの相違を越えた協力を可能ならしめる条件をさぐり、日本における人民戦線の成立のための哲学を形成したいという意図をはっきりと表明しています。

なぜ主体性論が人民戦線論につながるのかというと、近代のヒューマニズムは個人あるいは市民の主体性を前提として成立し、近代のナショナリズムも、個人の主体性を国民的自立に媒介することによって成立するわけです。つまり、自主独立の個人というのがまずあって、それがどうやってネイションを形成していくかという問題。

戦後初期に、大塚久雄とか丸山眞男など近代主義者と言われた人たちが、人間変革とか精神変革というようなことを非常に言いました。これは、日本の近代化、制度の民主化を支える主体的な個人を、日本人の精神的自己変革によって確立し、これによって新しい近代的なナショナリズムを創出しよう、ということですね。つまり、真の市民を育成することによって新しい国をつくろうということ。言い換えれば、個人の主体性を国民としての主体性に媒介することによって、過去の日本ナショナリズムのもつファシズム的な体質を改善しようとするものだ、いうことです。つまり、昔は個人なしの滅私奉公だったのを、今度は個人の確立ということを媒介にして公を形成しようというわけです。

それに対して、梅本克己とか真下信一とかいうマルクス主義者のなかの主体性論派が提起した主体性論は、階級的な主体性に個人の主体性――この場合は実存主義的な主体性ですが――を媒介することによって、社会変革の実践を支える内面的契機としての価値意識の問題を追求しようとする。

価値意識の問題を言い出したのは丸山さんなんです。松村一人さんなどは、存在が意識を決定するのだから、主体性なんて言わなくても、労働者は窮乏に対する反発から自然に実践にいくという立場をとっていた。それに対して丸山さんは、存在から実践へいく一つの媒介項としてやはり個人の価値観があるということを強調し、梅本・真下さんはそれに同調したという系譜があります。つまり、実践主体としての階級を形成するときには階級意識とか科学的認識とかだけではだめだ、それにプラス・アルファ――エトスとか価値意識とかいろいろな言葉で言っているわけですが――がいる、そういう媒介抜きには実践は不可能じゃないか、という議論です。

ぼくはこの点はわりと賛成だったんですが、マルクス主義者のなかにもだんだん認める人が出てきて、吉田傑俊さんは先ほどあげた『現代日本の思想』という本のなかの「変革主体像の展開と課題」という論文で、まさにその問題がマルクス主義者の変革主体論に欠けていたところである、という立場をとって議論を展開しておられます。つまり、価値観とか価値意識の面で共通なところがあれば、相互にそれを尊重して協力が成り立つのではないかという議論ですね。

ただ、思想の協力の基礎とか主体性論とかいう議論は、朝鮮戦争のために途中で立ち消えになってしまって、むしろそれをとおして哲学者の政党的系列化という方向へ向かっていってしまって、充分展開しなかったと思います。務台さんの哲学は実存主義とマルクス主義を折衷したようなものだと悪口を言われておりますが、つまり、人間にはいつも実存的個体性と歴史的社会性と両面あって、しかもそれは相互に対立し合う、しかしそれを統一するものがある、それが全体的人間の媒介による統一である、その全体的人間の実現に向かっての主体的な働きによってのみ個人性と社会性が統一される、という議論です。これは、かなりサルトルに似ているところがあるんですね。サルトルが『弁証法的理性批判』をまだ書いていない時代ですが、それに非常に近いところがあります。

しかもサルトルと違っているところもあって、サルトルの場合は、個人――実存――というのは孤独で、どう他者と結びつくことができるかというのが非常に難問なんですが、務台さんの場合は、人間と自然との関係を媒介にして人間と人間が結びつきうるという考え方です。一種の自然主義的な考え方という面があるんです。しかも、人間は自然から出て自然に返るんだが、自然に返るとは永遠に自分が消失していくことで、したがってこの生活の一日一日こそたとえようもないほど貴重なものだという、非常に個性的な、独自な、しかも日本の伝統につながるような考え方です。務台さんの場合も大正ヒューマニズムや、西田哲学の洗礼を受けていながら、個人主義的なヒューマニズムというのは非常にひ弱なものだということを、菅季治氏の事件などを媒介にして痛感し、ファシズムと闘えるヒューマニズムの論理とはどういうものかということを探求しています。つまり、個人性から社会性に向かって実存はいかに脱出しうるかという問題を考えているわけです。これからもそういうことをいろいろ考えていくことが、一つの重要な問題じゃないかと思います。

変革主体の形成と知識人の役割

吉田さんの本に戻りますが、吉田さんの「変革主体像の展開と課題」という論文は、変革主体はいかにして形成されるかという問題を論じていますので、変革主体をどう育てるかということをテーマにしている全民研の方がたは、ぜひ参考に読んでいただきたいと思います。

戦前は、市民的主体を創出することによって市民社会を築こうした。まず民主主義革命、それから社会主義革命という二段階革命論ですから、まず民主革命だと言っていた、ところが戦後は段階規定が非常に間が短くなって、同時にやるんだというようなことを言い出している、そこのところでどういうふうにして変革主体が形成されるか。その点に現在の一つの問題があるでしょう。

大正デモクラシーのころは、吉野作造とか大山郁夫とかというような錚々たる大知識人が『改造』とか『中央公論』で活躍して、その言論が非常に注目されるというふうでした。そういう時代は戦後すぐも若干続いたんですね。ところが、いまや大知識人はもういなくなった。知識人は不在である。知識人はみんな専門労働者、知的労働者になって大衆化している。古典的な、マンハイムの言うような、階級間を自由に浮動して発言するというような知識人はいない。みんな管理社会のなかに位置づけられてしまっている。だから〝知識人よ出てこい〟という議論もあるわけですが、出てこいと言われても簡単に出てこられないという状況があります。

しかし、新しい社会に対して知識人は変貌しなければいけないという議論は、すでに一九三〇年代にグラムシや戸坂潤が言っているわけで、グラムシの例の有機的知識人というテーゼがありますね。つまり「すべての人間は知識人である。どんな人間だって知的活動をするかぎりは知識人である。知識を追求しているかぎりは知識人である。だが、すべての人間が社会において知識人の役割りを果たすわけではない。知識人は批判的自己意識をもっていなければならない。大衆は自己を組織することなしには対自的にならないし、知識人なしに組織はない」と言っています。つまり、大衆が自己組織していく場合のオルガナイザーとして働くのが知識人だという考え方ですね。だからグラムシは、新しい知識人は「専門家」であると同時に「指導者」（専門家プラス政治家）でなければならない、というような言い方をしています。

ついでに言いますと、戸坂潤の知識人論もそれに似たようなもので、「科学論」などで例の科学の大衆化という問題を論じて、科学者というのは上から大衆を啓蒙するんじゃなくて、大衆が科学を自分のものにすることによって自分たちの展望や組織をつくりあげていく、そういう知的機能をはたすんだ、ということを言っております。

先ほど言いましたサルトルの『知識人論』も、知識人というのは自己矛盾的な存在であって、知識において普遍的真理を求める、しかし存在においては、何か命令によって、ある目的のためにそういう仕事をさせられている、つまり科学的な研究というのは自分自身としては真理の探求かもしれないが、いろいろな企業によってそういうことをやらされて、結果は戦争に用いられるかもしれない、そういう存在だ、そういう自分を自覚することによって初めて真の知識人になれる、だから自覚した知識人は政治活動をやらなければならなくなるし、また、そういう関係を文学として表現しなければならなくなる、〝私は普遍的真理のみを探求していて、そんなことは私とは関係ないことです〟と言う知識人は知識人の名に値しない、ということを言っています。もう一つ、体制のお先棒をかついで普遍的真理でもないことを普遍的真理だと言うような知識人とか、いろんなことを言っているわけですが。

現在の日本は、そういうサルトルのような議論はほとんど流行が去ってしまって、「知識人」なんて懐しのメロディにしか出てきませんけれども（笑い）、原理的に考えると、大知識人はいなくなったかもしれないけれども、逆に、個人がいろいろな民衆の組織へ有機的に加わっていくことによって民衆自身の組織化、つまり変革主体としての自己形成を助けるという、グラムシの言うような有機的知識人という役割りをみんなが果たしつつあると言ってもいいんじゃないかと思います。

ここで吉田さんが認めている主体性論争の収穫は、実践のためには単に科学的認識だけじゃなくて価値観の問題が必要だということがだんだんわかってきた、つまり変革主体の形成に価値観の問題が入ってくるということがわかってきたことと、それから大衆社会論争をとおして出てきた、労働者の存在形態が変化することによって闘争形態が変化するということです。つまり、労働者がいろんな面をもってきて、あるときは市民であり、あるときは生活者でありという具合に労働者の生活形態がいろいろあるので、〝これが市民でこれが労働者だ〟というふうには分けられなくなってきて、労働者のいろいろな生活の場面におけるさまざまな問題に対して個別的に闘争しなければならない、それが現代の闘争形態だというふうに述べて、だからいまはいちがいに悲観したものでもない、というふうに考えておられます。吉田さんの論文を要約することは難しいのですが、知識人の問題を考える一つの手がかりとしていただきたいと思います。

私は、基本的にどういうイデオロギー的な対決状況にあるかということを見通すのが知識人の役割りであって、それに基づいて各方面で出てくるいろいろな問題にきちっと対応していくことが必要じゃないかと思います。大知識人みたいに全部を見通すというわけにはなかなかいかないかもしれませんが、少なくとも自分の専門を媒介にして、それをある程度拡げて、協力しながらその展望を少しずつでも確かなものに押し進めていって、それを実践に結びつけていく、そういうことが要求されているんじゃないかと思うわけです。

新国家主義の論理

では、このあと新国家主義あるいは天皇制イデオロギーと言われる問題について少しお話ししたいと思います。じつは、たまたまエイデル研究所から出ている「季刊臨教審のすべて」という雑誌の増刊号、『日の丸・君が代』（一九八八年二月）という本を読んでおりましたら、元臨教審第三部会長である有田一寿という方——クラウンレコードの会長だそうですが——が、和辻哲郎を引用していろんなことを言っているんですね。びっくりしました。「教育改革における徳育と愛国心」という題目で、社会主義だって道徳教育はやっているとか、いろいろなことを言っているんですが、そこで個人と国家（全体）との関係について、有田さんは次のように述べています。

個人が優先すべきか国家が優先すべきかというような問題をめぐって、「個人主義対国家主義という図式で論争している姿も現実にみられるが、このような単純で素朴な論争はおかしい」と有田さんは言っています。「民主主義国家における国は国民が主体であり、その運営にあたる国会および政府も国民によって選ばれる」と、いちおう国民主権ということを前提にしているわけです。

その上で、この問題をについては、「和辻哲郎博士が『倫理学』で説いておられる二重否定の構造の考え方が一番説得力があると、私は思っている」というのですから、どうも臨教審は和辻倫理学によって基礎づけられているようなことになるんですが。

「家族や国家を全とし、家族の成員や国民一人ひとりを個として考える。つまり全と個の問題である」。個人だけが絶対だと仮定しても、そういう個人はありえないので、人間は社会的な存在である、国があり家族があって個人があるんだ、という。逆に「個をして個たらしめている国家が全体かと思って追求してみると、そんな抽象的な全体はありえず、個の集合体であることがはっきりしてくる。地震や大災害があって一人だけ日本人が残ったとすると、日本国民は一人だけになったと言うが、全滅して一人も残らなかったときは、日本という国はいまはなくなったと言うだろう」と書いて、個人なくして国家はありえないとも言っています。

「こうして個から全、また全から個へという動き、お互いに否定しながら否定されるという二重否定の動的な姿のみが実存するという思想」、それが和辻さんの思想であるというわけです。「この考え方によれば、個を個たらしめているのは全であり、全を全たらしめているのは個である。お互いを否定しようとして否定される。この無限に繰り返される運動のみが実在で、個人や国家、個人主義や国家主義は極端な抽象のうえで学理的には存在しえても、現実には存在しない」。「相関性、流動性、否定しつつ否定される無限に続く運動、そのなかにのみ実体があると私は主張したい」。つまり、国家主義でもなく個人主義でもなく、その両方が大事だと主張して、その二重否定の動的な姿のみが実存する、という。そういう見地から、有田さんは、「全体とは、家族、国家、人類社会と段階的に考えられるべきで、家族・国家を無視して一足飛びに人類社会を考えることは誤りであろう」というような論理を展開して、「国旗をかかげ、君が代を歌うことを奨励してもいいと思う」と述べているんですね。

和辻さんの論理というのは、個人主義でもなく全体主義でもなくというふうに読めるんですが、和辻さんがここで個と全を相互否定した絶対的否定性とか絶対的全体性と言っているのは、実質的には民族的全体性にすぎないのです。なぜかというと、人間は完全に民族の一員として働くときに、同時に最も個人的でありうるということがとくに強調されている。そういう民族的全体性を自覚した個人というものが具体的にイメージされている。また、その場合、天皇は「絶対者の権威に支えられた国民的全体性の表現」として解釈されることになる。ですから和辻さんの論理は、個人主義でもなければ国家主義でもない、それを越えたものだというんだけど、〝それを越えたもの〟が具体的に表現されているのが天皇だ、という議論になってくるわけですね。

だからぼくは、太田さんが言っているように、和辻が時勢に合わせて転向したというふうには必ずしも考えないんです。つまり、彼はかなり信念的に天皇主義じゃないか。その論理が一番説得力があると臨教審の元の第三部会長が言っているので、それじゃ、またもち出されてくる可能性は充分あるかなという感じがしました。ですから、和辻哲郎をどう理解するかということも、あながち昔のことをいろいろ詮議しているというだけじゃなく、わりと現代的な意味があると思います。

それに関連して、天皇制イデオロギーとか新国家主義と言われるもののなかには、昔の天皇制をもう一度再現しようという人たちももちろんいますが、もっとソフトな形で、有田さんみたいな形で復興しようというほうが本流じゃないかと思うんです。右翼は騒がせておいて、〝あれはひどい。われわれはあんな狂信的ではなくて、もっと良識的な、民主主義もとり入れた新国家主義である〟という形で出てくる可能性が大きいと思うんです。復古だ、天皇を昔のように元首化しよう、天皇主権に戻そうという動きも大臣によってはあるわけですが、しかし、象徴天皇制で十分だという天皇主義、新国家主義もあると思うんですね。

さらに言えば、場合によっては天皇は要らないという国家主義だってありうると思います。いまのところ天皇は非常に利用価値があると思いますけれども。というのは、日本の社会の成立原理というのは集団的競争主義ですね、お互いに競争しながらみんながまとまっているという。それをバラバラにしないためには、それこそ無的主体というか、和のシンボルが必要です。シンボルだから実際にそういう役割りを果たすかどうかは別として、そういう効果を国民に与えられれば天皇は充分に有効だということになると思います。そういう意味でなんとなく象徴として置いておく、うるさいことを言って理論闘争をしてくれれば和辻倫理学で迎え撃つ、こんなところが天皇制イデオロギーの本流じゃないかと思います。

天皇制イデオロギーの思想的基盤

ぼくはいま、天皇制国家主義の思想的根拠の分析をやりたいと思っていろいろ考えているんです。これは明治以後つくり出されたものだということは確かですが、国民の側にそれを受け入れる基盤がなければ、つくってもなかなかうまくいかないはずですね。では、日本人は天皇制がかなり好きで、それでやっていこうとするようなメンタリティがどこから出てきたか。それを探ろうとすると、日本の古代史にまで遡ってしまうわけです。

ご承知のように、日本の神道というのはもともとは何も理論をもたない、一種のアニミズムとかシャーマニズムのような形態ですね。それが、儒教とか仏教という外来イデオロギーが入ってきて、それを真似て、あるいはそれに対抗して神道というものが理論化されていく。しかもその理論化のあり方は、神仏習合、あるいは本地垂迹と言ってもいいわけですが、中国の仏さんが日本にきて何の神様になった、というようなものでした。つまり、神と仏とはどういうふうに概念規定が違うかなんていう議論は、日本ではあまりしない。これは、キリスト教がヨーロッパ世界に入っていくときと非常に違っていると思います。キリスト教の場合には、古来の民族信仰のようなものを圧倒してキリストを信ずるようになったわけですね。それと、日本の神道と儒教・仏教との関係は非常に違う。

日本人が国家を超越しないで、しかも国家と融合してしまう、つまり国家を超越し国家を相対化してものを見るということができにくいというのは、その淵源を遡っていくとそのあたりにあるんじゃないか、つまり習合を可能ならしめているメンタリティにあるんじゃないかという気がして、このごろいろいろ仏さんを調べたり、お墓を調べたりしているわけです。この点については、もう時間がなくて、あまりくわしくは述べられませんが。

そういうことは、現在で言うと日本人の折衷主義と普通言われているものにつながってくると思うんです。あまり対立を極端までやらないで多元的共存をはかる。これはさっきの思想の並存と似ているようですけど、そうじゃないんですね。思想の並存という場合には、あくまで異なったものであるということを認めながら共存していく。ところが日本人は、どこが違うかというところまでいかないでボンヤリと共存している。民主主義的団体でもそういうことはありうるわけで、お互いにこれは少し違うなと思っても、あまり議論すると角がたつと言って、よほどのことがないと議論しない。そして、何かことが起こると猛烈に対立しちゃったりするということがありますね。

そういう折衷主義的な、「多元的イデオロギー」が思想闘争にならないでそのままボンヤリ共存しているという構造、これが天皇制の土壌じゃないかと思うんです。だから、なんとなく現状維持のシンボルにもなる。つまり、統帥権的天皇、元首天皇、白い馬に乗って颯爽とみんなを指揮する天皇に戻そうと思っている人もいますけれども、なんとなく曖昧なうちに「皆さん、ご苦労でした」なんて言って帰っていく天皇でいいじゃないか、というふうになる可能性がかなりあると思います。ただ、ブルジョアジーにとっては天皇だって道具にすぎないわけですから、世論の支持がなければ切り捨てる可能性もありうるとは思いますが、当分はその線でいくだろうと思うんですね。

日本の憲法は象徴天皇制を認めているわけですが、同時に「その地位は、主権の存する日本国民の総意に基く」と言っているわけですから、日本国民の総意さえ変われば天皇をなくすということもありうるのかどうか、そこのところはよくわからないけれども、場合によっては天皇制変革の可能性も含めた憲法じゃないかと思うんです。だかち、いまの象徴天皇制を永久のように思って、それにはそのシンボルが必要だ、「君が代」を、「日の丸」をというふうな言い方には、どうも反発せざるをえません。

最後に一つだけ、「国際化」という問題を。国際化を進めるためにということでいろいろな教育改革が行なわれ、国際化のためには「日の丸」も必要だし国歌も必要だというのが一つの理由になっていますけれども、これは、大国ナショナリズムが海外に進出することを「国際化」と言い変えているような気がするんですね。本当の意味での国際化を考えていくとどうなるかということを、逆にいろいろ問題提起していく必要がある。つまり、ナショナリズムと抱き合わせになった「国際化」じゃない国際化とはどういうものかということを考えていく必要があるように思います。

どうも長い間、ありがとうございました。

第二章

社会科教育の思想

高校で思想（史）をいかに教えるか

古在由重

【解説】

「民主主義教育」一六号所載。この講話は一九七三年一二月、全民研愛知支部主催の懇談会において語られたものを出来るだけ忠実に原稿化したものであるが、残念なことに初めの一部分が録音されていなかったため若干欠けていると断りがある。

古在由重氏（哲学者・一九〇一－一九〇）は全民研初代会長である。第七回大会（一九七七年）のためにつくられた入会案内に「柄にもなく全民研の創立に当たって会長という部署を引き受けて」と書いておられるが、そもそも教育というジャンルにはほとんど無縁の方だった。しかしやがて全民研が気に入られ「健康によい」とまで言われるようになった。この講話はそうしてすっかりくつろいだ気分で語られたように思われる。古在さんは若い頃陸上競技のやり投げの選手であったが、なんだかランニングシャツに短パンという感じの語り口で、読む方も哲学・思想という語のもつ堅苦しさからは解放される。

内容は含蓄に富んでいる。東京帝大の学生だったときの哲学科教授のエピソード、あるいは西田哲学についての回想も大いに考えさせられる。また、古在氏自身が哲学教師としての経験から語られる、哲学を教えることの難しさ、陥りやすい誤りなどについての指摘は具体的でためになる。しかし、「ハウツー」を期待してはいけない。哲学とは具体的なひとりの人間が具体的な一つの社会の中で具体的に生きている、その現実から出発しその現実を忘れてはならない、ということを改めて教えられる講話である。

（高野哲郎）

1

私は思想という言葉から哲学の説明を始めます。まず学生や生徒たちに言いたいのは、思想というものは誰でも持っているのではないか、あなた方自身の中に思想というものがあるのではないかと、ここから始めるのです。思想は本の中にあるものでもなく、思想を語る教師の頭の中にあるものでもなくて、いまここに並んでいる皆さん自身の中に思想はあるはずであると。たとえば「親の思想は古くて困る」とか、「現代の思想はどうである」とか、思想というものについて語ったり、皆さん自身が思想というものを持っている、たとえぼんやりしたものにせよ、形をとらなくても、持っているはずである。その思想によってあなた方は学校を選んだり、こういう生き方をしようとか、こういう職業につこうとか、こういう相手を結婚相手として選ぼうとか、そういうものを思想というのであると、こういう話から私は始めるわけです。

思想は、決して思想についての本とか、思想について語る哲学者の頭とか、そういうところにあるのではない。これはあたかも牛乳瓶の中のミルクのように、もともとミルクは牛乳瓶の中にあるのではなく、大地を動き回る牝牛の乳房の中にあり、それを精製し加工して、ミルクとなり瓶の中に入っている。また別の小さい瓶の中にある食塩というのは、瓶の中から出てきたのではなく、海の中に材料がバラまかれていたり、岩の中にバラまかれていたりして、その夾雑物をとりさって精練加工して、こうしたきれいな食塩の結晶ができる。それと同じように、思想というものも、実はわれわれのゴタゴタした生活の中にあるのだということをまず確認して下さいと、こういう事からまず授業を始めるのです。そうでなければ、思想の歴史やいわんやほか哲学の歴史をやっても、それは全く他《ほか》ごとになってしまうのであって、もの識りになるにすぎない。高等学校でソクラテス、プラトン、アリストテレスという名前を覚えてもそれは何の役にも立たないのではないかと、まあこういう話から私は始めます。

2

それで、詳しいことは、抜きますけれども、哲学とはやはり生の思想をねり上げ、整え、ひろげ、深めるという面があり、かつわれわれの日々の生活、一生涯の糧となるというものを学ばなければならない。これが私の考えです。もしそういうものを含まない哲学というものがあるとすれば、哲学という名前を使うのは自由ですけれども、やはり技術的な専門科目にすぎない。論理学でも弁証法でも、論理学の専門家、弁証法の専門家と言ってよろしいと思います。そしてまた、いま分析哲学というものが国際的にはやっておりますけれども、これは一つの技術的科目として結構ですけれども、私にいわせれば、それは哲学本来の中心とは考えないのです。この間も対談で申しましたけれども、分析哲学の専門家に、投票の日に会った時、「あなたはどこへ投票しますか」と聞いたら、その専門家は「私は民社党に投票しました」とのこと。民社党でもいいですけれども、分析哲学と民社党とは一体どういう関係があるのかということを私は心の中で考えてみました。頭の一部の回転によって、たしかに分析哲学をやっているのだが、その日々の生活、いわんや生涯というものには、その哲学は関係ないのだというように思いました。また実存主義は非常に人生論的なせっぱつまった考えをしますけれども、それにしても、やはりアカデミックになりがちで、これも私の知っている実存主義の専門家が、この間郊外へ移転しました。どうしてかと言うと、セキが出てしょうがないと言う。実存がセキするのはおかしいのではないか、セキをする自分と実存とは全く別々になっているのですね。生活の中に全然結びついていない。まあ、そういうふうでありたくない。少くともそういうことを言って一生過ごせる専門家や哲学者はいいですが、講義を聞かされる方ではたまらない。これは僕の体験であるわけです。哲学科に入って先生に学んだことで、たしかに視野が広がったり、いろんなことを覚えましたけれども、むしろそれの克服の方がかなりかかりました。そんな中にまぎれこんでいた時期もありましたけれど、そういうことを喋っている先生は、それで一生を過ごせると思いますが、聞かされる方はそれで一生過ごすわけにはいかない。学生生活が終ってしまえば、いわゆる哲学とはおさらばということになってしまう。いわんや学校のあとで、思想とか哲学とか、その歴史について語る場合には、現実の日々の生活、われわれの一生の基本方針ということを結びつけて考えなければならないと思っています。教えるばかりでなく、私自身がそういうふうに思っています。

3

それからもう一つ言いたいのは、思想というのは、それぞれの時代の課題と結びつかなければならないということです。これはヘーゲルも言っていましたね。たしか「時代精神の概念をつかむことが哲学だ」と。時代の課題というのは永遠の課題と対立するようですけれども・哲学とは永遠の課題・永遠性のある課題と取りくむものと言う人と言う人もありますけれども、永遠なるものも、仮りにあるとしても、時代を通してしか発言しないのですから、哲学とか思想はやはり時代の課題と結びつかなければならないと思います。「人間はいかに生きるべきか」ということもですね。具体的に言えば、この社会においてこの時代をわれわれはいかに生きるべきか、というところから出発せねばならない。その中でこそ、人間というものはいかに生きるべきかという普遍的なものへの光をも始めて発せられるのではないでしょうか。

そして私は哲学の基本的課題は哲学の内部から生まれてくるのではなくて、哲学の外部から生まれてくるのだと思っています。要するに、さっきのべた時代の課題というのは、決して時代の哲学的課題であるというより、生活的課題と考えています。つまり哲学の基本問題は哲学の本の中から生まれてくるのではなくして、哲学の本以外から生まれてくるのだ。いままで日本においても外国においても、いろんな哲学の歴史がありましたが、それらの人々が格闘した問題は、決して前の時代、あるいは同じ時代の本の中から問題を見出して、それと格闘したのではありません。その時代の遺産とか現代への寄与とかいうことを、われわれは決して退けるわけではありませんけれども、それはあくまで、一つの別の基本的問題を明らかにするための参考にすぎません。少し飛躍しますが、哲学の基本的問題というものは、哲学者だけに関係ある悩ましい問題ではなくて、あらゆる人にとって痛切な問題、これこそが哲学にとっても痛切な問題ではないかと思います。だから戦争とファシズムの時代という時に、戦争を問題にし、戦争の思想的面、ファシズムの思想的面というものを問題にせずして、生や死というわゆる永遠といわれているような問題に没頭することは許されないと思う。

戦争とかファシズムとかは決して哲学的問題というより、むしろ政治的な問題、哲学の外部から哲学者に迫ってくる問題である。だから哲学史をずっと見てみますと、哲学者が本を調べて、その次に或る本を書いて、その次の時代の人がまたその哲学者の本を読んで進んでいくという、そういう本の歴史ではないと思う。課題の歴史がその前にある。時代の課題の歴史というのは、決して哲学的な法則の歴史ではなくて、むしろ社会的歴史的法則であると、私は思っています。従って哲学の問題というのは非哲学である。もちろん派生的にいえばですね、私の言ったことは必ずしも通用するわけではありませんが、たしかに他人の本を読んで、ここに方法があるとか、ここに不足のところがあるとか言って哲学の議論を進めていくには、副次的には哲学の歴史に進歩をもたらすものでしょう。しかし、やはり画期的な進歩というものは、哲学史においても決して哲学内的なものではなく、哲学の外部からわれわれに突きつけられる新しい課題、あるいは同じ課題の新しい面によってもたらされるように思われます。そういうことをはっきりさせることによって決して思想とか哲学とかは、われわれの現実、われわれの生活から縁遠いものではなくて、非常に密接なものであると、私は哲学の勉強の始めに言いたいし、自分でもそうと思わざるをえません。

そして、哲学とは全くその専門家の世界だけの一つの特殊な〝通用貨幣〟というものではなくて、ある一定の普及度を広い世間の人々にもつとするならば、なおさらそうだろうと思うのです。細かい事はわからなくても、カント哲学にせよ、ヘーゲル哲学にせよ、時代の知識人・文化人、それをこえた人々に、何らかの反発とか共感とか影響を与える。それはいまいったように時代の課題というものが、多かれ少かれ皆に共通だから、そんなに細かい議論がわからなくても、それに引きつけられたり、それに反発したりするのだと思います。その例を私は、戦争中の西田哲学にみます。「絶対矛盾の自己同一」とか「絶対無」とか、非常に抽象的な論理で、しかも戦争とファシズムが進むにしたがって、つまり一九三〇年代を境にして、急速に侵略戦争賛美と天皇制賛美に傾いてきます。田辺元の哲学にしても、ある程度抵抗しましたけれども、やはり一九三〇年代以後は、絶対追随というか、戦争に従い天皇制を守るというふうに急な坂を下っていきます。これは一体偶然なのか、変節したのか。私はそうは思いません。やはり一見非常に抽象的な純粋論理と見えたものの中に、あるいはその裏に、すでにそういうものが潜在的ながらあったのだと考えています。全く異質なものが付け加わったと考えていません。全く外部的な圧力によって変節したと思っていません。そういう要素がだんだんと成長したということはあるでしょうが、人々の目にみえなくとも、すでに断片的な要素が含まれていたと思っています。そういう実例をみても、哲学というものがどんなに抽象的にみえても実はその裏で現実の歴史、現実の社会、現実の生活と断ちがたく結びついていることがわかると思います。

4

以上私が思想とか思想史ということについて考えている基本的な考え方です。その一例として観念論と唯物論ということについて、少し述べてみます。私は戦前からずっと考えていたことで、ある意味では当り前のことにすぎません。教科書などを見ますれば、哲学の歴史というのは、観念論と唯物論で成っており、観念論は精神や意識や思考を、存在や自然に比べて優先すると考える、唯物論はその逆であると、「哲学の歴史はこの二大陣営に別れた」とはエンゲルスの言葉ですが、これは彼があるつながりの中で言っていることであって、これだけを繰り返すことで問題は決して終わりません。ごく簡単にいって、物質が優先するか、精神が優先するかということは非常に抽象的な疑問です。普通の人々は、そんなことは考えない。歴史的にみても観念論、唯物論というのは、いきなりそういう抽象的な形で哲学的な問題が出されたのではないと私は考えています。精神と物質のどっちが優先するかと、そういうような形に抽象化されるまでには、長い長い過程があったと思っています。この場合、私はやはり労働ということを考えなければならない。労働というものを考える場合、これは資本論にもありますように、労働というものは、人間が或る目的意識をもって活動することである。その目的意識とは、その結果を観念の形で、ある設計図或いはモデルとして思い浮かべて、そして芸術の材料を加工していく、これは誰でも体験することですね。その場合、モデルを作っている人からみれば、モデルが優先するわけです。そして労働する方からいえば、材料が大問題なので、確かに設計図は与えられるけれども、労働の材料および自分の労働力が問題です。これがなければ実現できない、むしろ設計図は実現できるような設計図をつくる、そういう意味では、その材料にせよ、労働の手段にせよ、労働力にせよ、物質的なものが優先するということになるのです。これが階級社会に分かれて、とくに古代ギリシャにおいて非常に典型的になりますけれど、アリストテレスも言っているように設計図をつくる方が上位にあると、奴隷はそういう設計図をつくらないと。そういう価値の条件が入ってくるのです。価値の優劣が、観念と物質との間に、つまり〝優先〟という中に、客観的な事実関係でなくて、価値関係が入ってくる。当然そこから奴隷所有者の哲学というのは観念論になるわけで、これがプラトンにおいて非常に典型的にあらわれています。

そういう段階を経て、つまり精神的労働と物質的労働との分業がはっきりしていく。そしてその階級対立のはっきりしていく過程で、長い長い経過を辿りながら、物質が優先するか、精神が優先するか、という命題は初めて提起されえたのだと考えます。そういうふうに考えないで、いきなり始めから、いずれが優先するかという命題から歴史をみるということは、余りにも単純すぎるのではないか。これは、さっきの生活と思想、あるいはそれの精錬・加工された形としての哲学との結びつきの必然性ということの一例にすぎません。

しかも、付け加えていえば、一〇〇％の観念論、一〇〇％の唯物論というのは、歴史の中で非常に稀れであり、とくに日本の思想史をみる時にはそうです。唯物論というのは科学的だから、唯物論史を中心としなければならないということは結構ですが、どこかに唯物論者はいないかと探しまわるという仕事に終始したのでは、思想あるいは哲学の全歴史の姿というものは、わからないと思っています。ここにも唯物論者がいた、あそこにもいた、とかき集めてきて、バタ屋のようにかきあつめてきても、ダメではないか。そこで、私が四〇何年前に始めて読んだ、レーニンの言葉「一人の観念論者が他の観念論者の基礎を批判するときに、唯物論が勝利（漁夫の利）を収める」この言葉は私に非常なヒラメキになって、それ以後、哲学の歴史の見方について教訓をえました。

レーニンは、その場合、非常に簡単に二つの例を示しています。プラトン対アリストテレス、カント対ヘーゲルと。アリストテレスがプラトンのイデア説、これから観念論という言葉が典型的に出てくるのですが、そのイデアというものが、現実から離れてイデアの世界と現実の世界という二通りの世界をつくっている二世界を批判して、アリストテレスの形相《エイドス》、イデアに匹敵する形相ですね。この形相は事物の中に、個物の中にあるというふうに批判したときに、唯物論が勝利しているというわけですね。それから、またカントの〝物自体〟知られない未知な、超越的なXとしての物自体を、ヘーゲルが観念論の徹底によって解消した時に、この観念論は裏返えされた唯物論だと。簡単にいえば、ヘーゲルの観念論はカントの観念論の基礎を批判した時に、唯物論は背後において漁夫の利をしめたといえます。私も詳しくやってはいませんが、日本の思想史をみると、唯物論者というのは非常に稀なわけです。明治以降でさえも、マルクス主義が登場するまでは稀です。中江兆民がいるのではないかと言われますけれども、稀なことは事実です。しかしながら、今のようにみますと、たとえば儒学の中でも古学派、あるいは儒教や仏教に対する国学による批判とかそういう中に、いろいろ唯物論的要素が断片的に出ているように私には思われます。

5

少し話題を転じて、思想史を教える場合、必要なことは、できるだけ他の科学、あるいはもっと広くいって、他の文化とのつながり、あるいはその時代の生活、政治生活、経済生活とのつながりを、明らかにすることです。そうでないと人間の生活から切断された、何か哲学があったり、思想史があったりにみえます。だから一例だけあげますと、私は仮にソクラテスからプラトン、アリストテレスと古代ギリシャの哲学の話をするときにも、やはり古代のギリシャの彫刻、古代ギリシャの悲劇、そういうものが、なぜほぼ同時に、その時代に生れたのか、それから奴隷所有者の生活と奴隷の生活というものとどうつながっているか。ロダンも言っているようにギリシャのヴィーナスにせよ、他の像にせよ非常に美しいけれども、自由の女神の〝自由〟とは一体どういうものであったか、自由を奪われる奴隷というものの存在を忘れてはいけない。すなわちどういう環境でどういう特定の美に他ならないかということを関連させるという意味で、哲学あるいは思想の歴史をも、他の諸文化ならびにその根底にある、その時代の生活あるいは階級となるだけつながっていかなければならないと思います。

6

それからもう一つはですね、カントとか、ヘーゲルとか、プラトンとか、ニーチェとかいう時、いつでも日本に引きつけて教えるということです。例えばカントについて言えば、カントは日本においてどう受けとられたか、どういう役割を果たしたかということを問題にします。カントは明治初期においては必ずしも論理学者とか認識論者というのではなくて、恒久平和論者と受けとられています。明治二〇年代になりますと、大西祝《はじめ》などにしても、カントから批評の精神を受けとっています。それから私らも若い時、新カント派の渉猟《しょうりょう》の中にまきこまれたのですが、日本においてもドイツにおいても、カント主義で終始した人は、わりあいにファシズムにいかれていないことを、私はよく話します。たとえ消極的でありながら、カント主義を守りぬき通した人は、侵略戦争やファシズムに身を委かせていなかった。例えば日本でいえば、私の先生であった桑木厳翼《げんよく》というカント主義者でしたが、決して便乗しなかった。天野貞佑さんも一九三〇年代に『道理の感覚』等を書いている。これは絶版になりましたがやはりその時点においては軍部に抵抗しました。安倍能成さんもカント主義者です。

それからドイツにおいてもそうです。カッシラーなんか、ユダヤ人ということもあってアメリカへ渡りましたけれども、決して便乗などはしなかった。この間死んだ法哲学者ケルゼンもそうではないでしょうか。

却ってヘーゲル主義者というのが危なかったのであって、日本においてもドイツにおいても。却って形式論理のガリガリの方ががんばったのですね。悪いことは悪い、善いことは善いと。しかし弁証法というのはうっかりすると危いんでね。善即悪・悪即善とか、西田さんなんかがよく使った生即死・死即生とか、普通の論理だと矛盾するけれども、弁証法では統一できるというわけです。それならまだいいのですが、そこから「戦争へ出て行け」ということになっちゃうんでね、それで困るんです。戦争で死ぬことが民族の生命の中で生きることだということになるので困るのです。大体日本へヘーゲル弁証法を導入した紀平正美《きひらまさよし》、この人は私の先生ですが、この人が明治二〇年代の終りに、ヘーゲルの弁証法をはじめて日本に紹介したのではないですか。この人はひどかった。聞くにたえなかった。入学した時一時間程講義を聞いてあきれかえってやめました。第一時間目に進化論を否定したのですね。「進化論は毛唐の言うことだ。毛唐についてば当てはまる。あいつらは猿から進化したのだ。しかし日本民族はちがう。神からきている」と。進化論は毛唐の考えそうなことだというわけです。これは冗談なのか本当なのか知りませんが「上野の動物園の猿を見よ。あの猿を俺は赤ん坊の時から知っている。今は老いてしまっているが、いつまでたっても人間にならない」と。こういう乱暴な講義でしてね。これが東京大学の講義ですが、びっくりしました。

この人は、日本精神の在り方がヘーゲル弁証法に全くよくあらわれているというのです。『精神の現象学』は、実は日本精神の現象学というのですね。それで、おもしろい奴がいて、「ヘーゲルはそういうことを知っていたのですか」と質問したら、「本当の弁証法は日本精神の歴史だ」「このことはヘーゲルにはわかっていない」というのですね。「俺の読み方によるとそうだ」とがんばり通した人で、まあ残念ながら、そういう人に私は教わったんです。

そういうふうに、哲学というのは非常に抽象的なものですから、それで済んでいる時はいいが、時局が緊迫してきますと、非常に具体的になりましてね。さっきのように、抽象的な哲学ほど具体的になるおそれがある。ヘーゲルの哲学でも、最後には、結局プロシア絶対国家擁護になりました。抽象的だから何でも結びつきやすいといえるのでしょう。だからわれわれとしては、そういうことをはっきりしなければならない。いかに世間離れしているように見えても、実際は裏ではそうでないという実状をはっきりさせないといけないと思います。

ついでにいいますと、ヘーゲルの見方も人によってずいぶん違います。ロシアの革命的民主主義者ゲルセンにせよ、チェルヌイシェフスキーにせよ、紀平さんとは全然別の意味に読んでいます。紀平さんは始めは禅の思想家だったがだんだんさっきのようになった。最後には西田哲学では生即死・死即生、行け戦場へ、ということになってしまう。一九世紀のロシアではちがいます。ゲルセンなんかはヘーゲルの弁証法を知って「ここに革命の代数学がある」と言っています。見方というのは、誰が誰を読むかということが非常に大事で、読書というのは読まれる本と読む者の間に起る放電現象であると私は思っています。チェルヌイシェフスキーはロシア人の紹介の翻訳でヘーゲルを知って、やはりゲルセンのような受けとり方をしたのです。非常に革命的です。それでドイツ語を一生懸命勉強して、ヘーゲル哲学を読んだところ非常に失望した、「ここにスコラ哲学がある」というわけです。そういうふうにその時代によってどう受けとられるかを、一つの哲学でさえ様々に受けとられるということはですね、やはり哲学とは宙に浮いたものではなくて、現実生活といろいろ結びついていることをあらわしています。

7

日本で一体、例えば西洋の哲学をどう受けとらえられてきたかという歴史をふまえて、それから逆照射でソクラテス時代、プラトン時代、ニーチェ時代、カント時代を明らかにすることの方が有効ではないかと思います。今の若い人は時代感覚が弱い。中江兆民とか福沢諭吉とかという人は大体よろしいのですが、「カントは何世紀の人か」と大学一年生に聞きますと、わりあい正確に答えられる人は少ないですね。暗記学習になっていますから、「明治維新はいつ」と聞きますと、目をつぶって考えています。一八六八なのか、一七六八なのかと、暗記のクセですね。一〇〇年ちがうと大分ちがいますからね。

それから、さっき言ったように、「高校で教わった哲学者の名前を知っているか」と聞きますと、大体ソクラテス、プラトン、アリストテレスは知っていますね。現代になると殆ど名前ができてきません。この間、福井市へ行った時にも話しましたけれど、「思想史は古いところに時間をとってしまい、現代の方は充分できない」と伺いました。私も市邨《いちむら》短大で一年生を教えておりますが、哲学を教えることは難しいですね。教え方が難しいですね。教え方が難しいということは、結局自分の考え方が足りないということが非常に多いようです。そういう意味で私に非常に役立つわけです。プロ同士だと、なんかわからないことをお互いに符牒《ふちょう》のように話合って、根本的に考えないけれど、白紙の人に話すということは、本当に自分がよくわかっていないといけない。例えば、「ボーヴォワールという名前を知っていますか」と聞くと、残念ながら知っているものは、二〇〇人のうち一人か二人です。それで『第二の性』について話して、日本へ来たということも話して、またサルトルのことなんかも説明します。

わりに古代の方をよく知っていて、現代になると知らないというのはまずいし、日本から遠いヨーロッパのことはよく知っているが、日本のことは知らないというのもまずい。そこで、やはり思想を教える場合大切なことは、日本に引きつける。それからもう一つは、現代に引きつけるということです。古代中世ではなく、現代・今日に引きつけること、正しい遠近法をとるということですね。自己中心、現代中心、われわれ中心という、遠近法で見ていくことが必要ではないでしょうか。もちろん、それは古いことを軽くみようということではなく、古いことでも、現代にとって非常に大事なことはつきつめてやる。要するに、日本を中心とする、現代を中心とするということです。

8

最後に一つだけつけ加わえますが、哲学は非常にやり方が難しいですね。やり方によって、数学とか語学とかはやればやるだけのことはありますが、哲学はうっかりやるとひどいことになる。その事例を沢山みています。あの人は哲学をやったばかりに、さっぱりダメになってしまった。あの人は弁証法というものをやり出してからどうもまずい、ということはよくあります。やはり、現状判断、それに対する自己の態度を明らかにするような哲学でないと困るのです。哲学をやったために、現状判断、未来への見通し、過去の理解、それに対する自己の態度といったもの。それにプラスになるようなものがないと困るのです。

その意味で、今日も言ったのですが、「皆さん、新聞を読んで下さい。テレビですまさないで、なるべく新聞を読んで下さい。毎日毎日の出来事を知るために」と。そういう意味で、哲学者は、自分のような哲学科卒業の者はとくに、抽象概念へまい上がるクセが、若い時からありますので、私は新聞を非常に大事にします。いつもハサミを持っていて、いつも新聞を切り抜いています。カバンの中には、大きなハサミが入っています。

そういう意味で〝臨床的〟でなければならないと思います。小さな一つの例の中に、その普遍的な意味をつかむという力をつけたい。ただ基礎医学だけではダメで、病気はなおりません。一つの小さい例だって、それが典型的なものであれば、それは必ず普遍的な意味をもっているといえます。だから、さっきもあげましたように、大企業による思想調査という記事が、一両日前の新聞にのっていましたが、それを読んでいないと、大企業にとって思想というものが、どういう意味をもっているのか、生きた意味もそこにもっているのではないか、その人の一生の進路にかかわるような意味をもっているることが、よくわかるのではないでしょうか。これは或る特定の企業の、或る特定の人の問題なのだが、たとえそうであっても、本来政治思想の意味がはっきりわかるのではないか。

それをそこだけにとどめないで、もっと原理的に考えたり、歴史的に考えたりするために、いろんな参考書を読むことができます。

初めに、そういう鋭敏な臨床的感覚を失ってはならない。学問とはそういうものです。哲学はとくにそういうものを失いがちであります。臨床的でとどまっていることはいけないけれど、臨床的でなくなるということは、なおさらいけない、こういうふうな私の感想です。

高校で思想あるいは思想史をいかに教えるべきか、という問題を出されたとすれば、それは今日の日本、もちろん国際環境における日本ですけれども、それに結びつけ、自分自身に結びつけ、それで毎日の勉強ばかりでなく、生活の糧になるようなものでありたい、というのが私の答えです。これは言えばやさしくて、やれば難しいことにちがいありませんが、そういうふうに考えております。以上です。

市民性教育の課題と新学習指導要領

――社会科・公民科・地歴科及び総合的学習の関連・総合による民主的授業創造――

……………髙山次嘉

【解説】

本論は、いよいよ二〇〇二年度から小中学校で新学習指導要領が施行されるという状況の中、編集部より執筆を依頼し、書き下ろしていただいたものである。初出は、機関誌「未来をひらく教育」一二七号（二〇〇二年）。

高山次嘉氏は、一九三〇年信州安曇野生まれ。北海道教育大学教授、新潟大学教授、早稲田大学特任教授を歴任。現在は新潟大学名誉教授。専攻は社会科教育。日本社会科教育学会会長も務めておられた。著書に『社会科教育の回生－共生社会の市民を育てるために』（教育出版）などがある。

いま教科の外での政治的な動きが、公教育に多大な影響を及ぼし、教育現場を規制し、萎縮させている。こんな現実に教師はどう向き合うべきか。高山氏は、これらの動きを無視するわけにはいかないが、いたずらに怖れたり追従する必要もないと説く。教師の則るべきは、何よりも子どもの人格発達の論理、教育の論理であり、憲法・教育基本法であり、学習指導要領だからである。その学習指導要領も、近年ではその拘束力や基準性は相対化されつつある、と高山氏は指摘する。

高山氏は、こうした認識に立って、削減された教科時数の中にあって、新学習指導要領の目玉として登場した「総合的な学習の時間」を活用し、中学校の必修社会や高校の社会系教科との関連総合（融合）をはかれという（筆者の勤務校では、高山氏の示唆する方向とかなり近いところで実践を進めており、成果も上がっているように思う）。目の前の困難に沈黙してしまいそうな教育現場の中で、教師が元気を出して自主的に教育実践を創り上げていく可能性を高山氏は追究している。その根底にあるのは、教師と教育現場への徹底した厚い信頼である。二〇〇八、二〇〇九年に、指導要領が公示された今こそ、本論文を再読する意義は十分にあるように思う。

（吉田俊弘）

新指導要領への期待と不安

激動の新世紀を逞しく生き抜く力を育てるために、従来の指導内容をおよそ三割削減して体験的学習を取り入れゆとりと充実の授業を実現するという戦後最大とも言われる教育課程の規準の改革、大胆な学習指導要領改定もその施行を前にして学力低下に対する批判が厳しくなり雲行きが怪しくなってきた。文部科学相自ら「学びのすすめ」なるアピールを発して、確かな学力を育てるためには始業前の読書や放課後の補習、それに家庭での宿題を課すべきだとする異例の訴えをした。これで果たしてこの学習指導要領、今までのように少なくとも十年の間、教育課程の規準として十分に機能するであろうか。学校再生・授業活性化の目玉である「総合的な学習の時間」は、逆に教科内容削減・学力低下の元凶とされて空中分解し、ドリルの時間として使われることになりかねない。

後にも指摘するように新指導要領は様々な問題を持つとしても、いじめ・不登校・学級崩壊・青少年の犯罪的行為の増加や公共性の欠如などに立ち向かうべく、学校教育のありかたを根本的に見直し、分る楽しい授業を創造し、青少年に生気と希望を取り戻させ、激動の時代を主体的に生き抜くことができる逞しい市民に育て上げたいという願いがある。その願いはこの新指導要領を積極的に読み替え運用することによって達成できないものだろうか。

デモクラシーと青少年の状況

◎デモクラシーの課題と現実

デモクラシーは、治者と被治者との同一性を原理として、民衆が相互に連帯し協働し討論し、その参加を通して下から権力を構成し、それを自らで維持していくと言う、まさしく人類の悲願と言うべき壮大な歴史的試みである。近代の国家はこれを実体化しようとして民主的憲法を制定し、国民に選挙権や請求権を保障するとともに、「新しい共和国の成員となった民衆を理性的共和国民にまで教育することは国家の最大の義務である」（一七八九年フランス共和国憲法）として公教育の普及・確立に努めてきた。近代の学校では、民衆の読み書き能力を高め政治的リテラシーを培うことによって、憲法上保障された市民的諸権利の行使を実質化する市民の教育と、国民国家の統合と発展のための国民の教育、国民的自覚と愛国心の教育とを重要な任務としてきた。

しかし、この人類の壮大な試みも、前世紀における経済や技術の面における飛躍的発展とは裏腹に、挫折・崩壊の危険にさらされている。技術革新によってヒト・モノ・カネそして情報のグローバル化が進展し、人びとの生活は著しく豊かで便利にはなったが、いたる所に危険が潜み、貨幣と官僚制、巨大な多国籍企業と福祉国家のシステムによる「生活世界の植民地化」が進行して民衆は主体性と公共性を喪失し、デモクラシーは形骸化していまやお任せとおねだりの代議制福祉国家、観客的民主主義に成り下がっている。グローバル化する市場主義・新自由主義は、自由平等の人権原理とは逆の、弱きを挫き、強きを助ける強者の論理の化粧に過ぎない。

間宮陽介は『同時代論―市場主義とナショナリズムを超えて』（岩波書店、一九九九年）のなかで、「それはC・メイヤーのいう『民主主義の道徳的危機』のことでもある。この危機は公共心や市民的徳といったコミュニタリアンの愛惜する精神的態度の欠如に由来するものではなく、まさしく人々の公共的領域からの逃避、すなわち『政治からの逃避、論争に対する食傷、主張をめぐる信念のなさ、論争に加わる人々への蔑視』などによって特徴づけられるものである」と説き、公共的領域からの逃避にこそ現代民主主義の危機の源があると指摘している。

確かに、人権・平和・環境の保全のために市民運動、NPO・NGOなどの活動も盛んになっているし、七年前の阪神大地震には全国からボランティアが駆けつけ懸命に活動した。それらはこの国や人間社会の未来に光を感じさせてくれる。しかし、国民の間にはマイホーム主義が浸透して公共の事柄への関心は低下し、政治への期待は薄れて各種選挙の投票率は下降傾向を辿っている。特に二〇代の若者の投票率が低いが、世の中への関心・他者への眼差しが衰弱しつつあるのではなかろうか。

◎青少年の状況

西宮西高校の脇浜義明教諭が『教育困難校の可能性』（岩波書店、一九九九年）のなかで阪神大地震に遭遇した高校生たちのエピソードを紹介している。生徒会会長であったある生徒は被災者救援のボランティア活動に没頭し、その中で「こんな中途半端な生き方じゃ亡くなった人に申し訳ない。しっかり生きなあかん」と気づき障害者福祉の道に進む決心をした。ある被災した生徒の母親は、「うちの子は大学受験を控えているので、どこか一人で勉強できる部屋を用意して欲しい」と教師に訴え、頭にきた教師に「息子さんにも手伝わせたらどうか」と突っぱねられた。しかし、この対極的事例は少数派であって、「震災でぽっかり空いた時間の空間で、糸の切れた凧みたいに遊びまわっていた第三群が存在するのだ。しかもその方が多数派である」と。

若者達の多くは利己的と言うよりも、世の中・社会への無関心、自己の内に閉じこもり他者との人格的かかわりから身を引く傾きがあり、他者の存在・世の中が認識の射程にはいっていないようだ。電車の中で、脚を長く投げ出して漫画やヘッドホンの世界にひとりで浸り、あるいは他を憚ることも恥らうこともなく鏡を見つめてメイクに耽り、声も潜めず携帯電話をかける。ドアの付近に座り込み車座になって談笑し飲食する。それもこれも「ジコチュウ」の本人にすれば特別に悪気があっての所業ではなく、他者の存在を認識していない、他人の視線が気にならない、世間のことは気にしないと言うだけのことなのであろう。これからIT革命が進展し直接的対面的人格的交渉の場が減少すれば、こうした傾向はさらに広まり深まると思われる。これでは人間社会はいつの日にか立ち行かなくなってしまうのではなかろうか。

シティズンシップとその教育

◇公共性とシティズンシップ

公共的空間の資源としての公共性、共有される目的やルール・作法、自由の制限や強制の正統性などが、成員の間において共通善として認知され支持され内部化されることによって、そこに社会的連帯が成立し、ただの空間は真に公共的空間となる。そこで働く内部化された公共性がシティズンシップの内実である。そのシティズンシップこそ、公共的空間の存立に必要不可欠な要件であるとともに、他方、個人の側から見れば、人が社会的存在として公共的社会的空間において生活していくために必要とされる資質、資格要件である。

千葉真の『ラディカルデモクラシーの地平―自由・差異・共通善』(新評論、一九九五年)によれば、シティズンシップは、①主権的国民国家に帰属する市民の法的地位を表すもので、市民権と呼ばれるもの、②デモクラシーに固有な、能動的な政治主体たる自由で平等な市民のアイデンティティを表すもので、市民が実質的に参政権を行使する行為に表れる、③共和主義の市民像ないし政治的アイデンティティで、「良き市民」の倫理的資質やエートス、共同体の安寧へのコミットメントや公共の事柄への責任と義務の履行を意味するもの、の三つのカテゴリーで認識されてきたと言う。社会科・公民科教育の究極の目標とされる「公民的資質」は、このカテゴリーのどれにどう関わるのかについて吟味してみたい。

◎今求められるシティズンシップ

財団法人・社会経済生産性本部の教育改革に関する報告書、堤清二・橋爪大三郎編『選択・責任・連帯の教育改革―完全版』(勁草書房、一九九九年)は、教育の基本目標の第一に、「社会性」の形成を掲げるべきだとする。「ここで『社会性』というのは、〝互いによく知らない人びと(市民)が集まっても、社会を運営していける能力〟のことである。これは『共同性』、すなわち、〝よく知っている仲間となら、うまく集団をやっていける能力〟とは、別のものである。〜〜ある共同体やその特定の文化にこだわり、その内部でしか通用しない意識や行動様式を育ててしまうことは、避けたほうがいい」と。国際化時代の多文化・異文化社会において共生共存するために必要な開かれた作法、社会的能力の形成を訴えている。

門脇厚司は、『子どもの社会力』（岩波新書、一九九九年）において「社会を作り、作った社会を運営しつつ、その社会を絶えず作り変えていくために必要な資質や能力」を表すために「社会力」という新概念を提示する。その社会の一人前の成員になっていく過程を意味する「社会化」や、既存の社会への適応を旨とし、その社会の維持を志向する概念である「社会性」に対して、「社会力」は既存の社会の革新を志向する概念であるとする。そして今、「若い世代に欠けているのは社会性ではなく、社会力である」と指摘する。先の報告書では「共同性」との対比で積極的に捉えられていた「社会性」は、ここでは消極的な概念とされている。

池野範男は、社会科の目標として『社会形成力』を提起する。すなわち、「デモクラシーという社会形成の論理が社会科に要請するものは、社会を形成しうる自律的市民に子どもを育てることである。その実質は、批判と言う不断の吟味検討と正当性の構築である正当化にもとづいて社会の諸事に関する自律的判断と合理的共同決定の能力と技能を育成することである。この能力や技能を、筆者は〝社会形成〟力と呼んでいる」（『社会科教育研究』二〇〇〇年度研究年報）。ここで重視されている自律的判断力と合理的共同決定力は、門脇の言う「社会力」の主要な構成要素であろう。

いま求められているシティズンシップの特徴は、現代におけるグローバル化と異文化共存、内なる国際化と多文化共生に対応して、親密圏の閉ざされた「共同性」よりも自律的公共圏の開かれた「社会性」であり、資本と官僚制による生活世界の植民地化によって失われた自主性と人権を回復しデモクラシーを回生させるための、千葉の②の能動的参加的カテゴリーや、門脇の社会を構成し運営し革新する積極的な「社会力」、池野のいう「社会形成力」の批判し正当性を問いつづけ自律的判断力・合理的合意形成力などであろう。筆者がかねがね市民性教育のキーワードとしてきた、自立・批判と説明請求、連帯・参加と協働などもこの中に包摂されるであろう。

学習指導要領における公民的資質

◇初期社会科と人権・市民主義

戦後の社会科創設期には、近代的自我、市民、人権意識が強調されていた。「各個人の人間としての自覚、あるいは人間らしい生活を営もうとするのぞみが、国家とか家庭とかの外面的な要求に抑えつけられたために、とげられて来なかったきらいがあった。……青少年の人間らしい生活を営もうという気持ちを育ててやることは、基本的な人権の主張にめざめさすことであると同時に、社会生活の基礎をなしている、他人への理解と他人への愛情を育てることである」（学習指導要領Ⅰ社会科編[試案]、一九四七年）。また「しかし、りっぱな公民的資質ということは、その目が社会的に開かれているということ以上のものを含んでいます。すなわちそのほかに、人々の幸福に対して積極的な熱意をもち、本質的な関心をもっていることが肝要です。それは政治的・社会的・経済的その他あらゆる不正に対して積極的に反ぱつする心です。人間性及び民主主義を信頼する心です。人間にはいろいろな問題を賢明な協力によって解決していく能力があるのだということを確信する心です」と、批判し連帯し協働する積極的な態度が称揚されていた。

こうした初期社会科の市民的人権主義的な公民的資質については、当初から無国籍的牧歌的で民族の課題に応えられないとの批判が保革双方からなされていたが、東西対立の激化と冷戦体制、朝鮮戦争の勃発と対日講和・再軍備、高度経済成長と海外進出、国際化や貿易摩擦という歴史的展開の中で、国民的統合の強化に向けて、批判や権利要求よりも責務の自覚と履行や奉仕、民族の歴史・伝統や文化への理解と愛情、日本人としての自覚に力点がおかれるようになってきた。

◇再軍備・経済発展と愛国心・奉仕

一九五二年の講和条約発効後の国会において、時の首相吉田茂は施政方針演説のなかで、「国民自立の基礎である愛国心の涵養と道義の昂揚をはかる……然るに日本の歴史を教えず……日本の国体の優秀なこと、日本民族の優秀なことをすこしも説かないで……こうして再軍備をいたす……愛国心のない軍隊のごときものは、まことに恐るべき軍隊である」と述べ、戦後教育の再検討、とくに歴史地理教育と道徳教育の強化改善を提案した。翌年には、安藤正純文部大臣は独断で、教材等調査研究委員会の成案の一部（小六社）「現在わが国の政治は日本国憲法にしたがって、国民が選んだ代表者による議会政治のかたちで行われているが、これは主権者である国民の意思をよく反映させるためである」を、「わが国の憲法によって、天皇は国の象徴、国民統合の象徴としての立場にたっておられ、また政治は、国民が選んだ代表者による議会政治によっておこなわれている」と修正し、「税金の使いみちに関心をもつ」を、「国民が義務として納める税金」に改めた。六八年版指導要領では、社会科の目標として「公民的資質」が復活したが、その意味するところは二〇年前のそれとはかなり違っている。「公民的資質というのは……具体的な地域社会や国家の一員としてみずからに課せられた各種の義務や社会的責任があることを知り、これらの理解に基づいて正しい判断や行動のできる能力や意識などをさす……公民的資質の基礎というのは、例えば自他の人格の尊重が民主的社会生活の基本であるという自覚、郷土や国土に対する愛情、国際理解、正しい国民的自覚をもって国家や社会の発展に尽くそうとする態度、正しい社会的判断力等のすべてがこれにあたる」（小学校学習指導要領指導書社会編）。強調点が成員としての自覚や義務・責任にシフトされている。

このとき、初めて公害が指導内容として取り上げられたが、指導書には「企業を悪者として糾弾させたり……政治の貧困、政治の不在という方向」へもっていくことは指導要領の趣旨に反するという企業より国よりの抑止的記述があった。これについてはいわゆる公害国会で問題になり、指導要領・指導書ともに異例の施行前修正がなされ、すでに検定済教科書は正誤訂正の申請という姑息な手段で対処した。また、この指導要領では、中教審答申の「期待される人間像」（一九六六年）の「日本国を愛するものが、日本国の象徴を愛するということは、論理上当然である。……天皇への敬愛の念をつきつめていけば、それは日本国への敬愛の念に通ずる」を受けて、「天皇についての理解と敬愛の念を深めるようにすることが必要である」と明示し、「日本の神話や伝承も取り上げ」られ、社会科教科書には建国神話が登場することとなつた。

指導要領における「公民的資質」の内実はこのときほぼ原型が確立したが、その後の改定では、情報化・国際化のなかではさらに必要となる連帯・開かれた共生共存の市民性や理性的批判的態度よりも、情緒的・求心的な日本人としての自覚・日本人アイデンティティや奉仕・奉公が強調されている。先の千葉真の区分を用いれば、第二のカテゴリーから第三のそれへとシフトしたと言えよう。指導要領や解説書の文言の変化は微妙で、六八年版指導書の公害学習に関する記述のように明示的ではない。背景にある審議過程や周辺における政治的言説が、指導要領の解釈や運用を著しく制約し、教育現場に大きな影響を及ぼす現実を軽視するわけにはいかない。

◇新学習指導要領とその周辺

「また、『公民としての資質』とは、現代の社会について探究しようとする意欲や態度、国家・社会の形成者として、社会についての広く深い理解力と健全な批判力とによって政治的教養を高めるとともに物心両面にわたる豊かな社会生活を築こうとする自主的な精神、真理と平和を希求する人間としてのあり方生き方についての自覚、個人の尊厳を重んじ各人の個性を尊重しつつ自己の人格の完成に向かおうとする実践的意欲を、基盤としたものである。また、これらの上に立って広く、みずからの個性を伸張、発揮しつつ文化と福祉の向上、発展に貢献する能力と、平和で民主的な社会生活の実現、推進に向けて主体的に参加、協力する態度とを含むものである」

これは、新指導要領解説公民編の一節である。いろいろと書かれて焦点が定まらず、表現にひと工夫欲しいとは思うが、内容的には当り障りなく書かれているので、得心したとは言えないが、批判もしにくい文章である。それゆえ、デモクラシーに固有のシティズンシップ、求め糺し協働する主体的な市民性教育の創造を妨げる根拠にはなりにくく、むしろその推進する根拠にも成し得る。実際これまでも、社会科は脚をもがれ頭を割られながらも、志ある教師たちによって民主的創造的な市民性教育・社会科授業が実践されてきた。

現場の民主的創造的な教育実践を規制し萎縮させているのは、指導要領やその解説書の文言よりも、その周辺の管理主義的教育行政、政財界・ジャーナリズムの恣意的な教育要求のように思われる。君が代を国歌と法定し、学校行事における君が代斉唱を行政処分までして励行させようとする中央と地方の教育行政権力。生徒会が総力で自主的に創りだしてきた入学式・卒業式をやめさせる校長と後押しする県教委。大江健三郎氏に講演の内諾を得ながら、氏に政治的見解の表明を控えるよう求める手紙を出して、講演を断われたある高校長。従軍慰安婦や南京事件などを取り上げた中学校社会科教科書の著作・編集・発行・検定・採択に関わる者すべてを、学習権侵害の被告とする訴訟を提起したり、地方議会に排除の請願をしたりする得体の知れない大規模な「国民運動」の展開。ショーヴィニズムに自由主義史観の名を冠し、東アジアの人びとの神経を逆撫でするような偏りのある中学校歴史・公民教科書を作り、市販もして民族精神・国民道徳の涵養に奔走する学者と新聞雑誌出版社。また、著名な作家・研究者・経営者などからなる総理大臣の私的諮問機関教育改革国民会議第一分科会は、「私たちは偶然、日本を祖国として生を受け、その伝統を血流の中に受け」などと、文学的情緒的に民族共同体意識を刺激しつつ、感謝と報恩・奉仕を「共通の祖国を持つあなた達に希望し続ける」ために、「教育の日」の制定や小学校に「道徳」中学には「人間科」、高校には「人生科」を置いて教室で積極的に道徳を教えること、さらには「いままでの教育は、要求することに主力をおいたものであった」ので、これからは小中学校では二週間の、高校では共同生活による一ヶ月間の、一八歳の青年には職の有無を問わず一年間の奉仕活動を義務付けること（最終報告では多少の修正あり）を答申。

こうした教科の外での政治的な動きが、公教育、とりわけ社会科・公民科教育に多大な影響を及ぼす。これらを無視するわけにはいかないが、徒に怖れたり追従する必要もない。教師は自信をもって主体的に批判検討し対処すべきである。教師の則るべきは、何よりも子どもの人格発達の論理、教育の論理であり、憲法・教育基本法であり、学習指導要領である。その学習指導要領も、最近の学力低下論議のなかでは、個に対応するために指導要領を超える指導が慫慂され、教科書検定も緩和の方向、つまりその拘束力、基準性は相対化されつつある。

以下、学校のあり方を変え、国際化・情報化・地球環境破壊の進む時代に主体的に「生きる力」を育成するという新指導要領の趣旨を活かして、学校を「コンフリクトの管理と封じ込めの場」から「民主主義への思考と平等な社会的相互性を増大する場」（小玉重夫『教育改革と公共性』東大出版会、一九九九年）に変える民主的な授業創造方策を探ってみたい。

社会科、地歴・公民科と「総合」との関連・総合

◇「総合的な学習の時間」とその活用

自ら課題を見つけ、自ら学び、自ら考え、主体的に判断し、よりよく問題を解決する資質や能力、学び方やものの考え方を身に付け、問題の解決や探究活動に主体的、創造的に取り組む態度、自己の在り方生き方を考える力の育成をねらう「総合的な学習の時間」は、いわば新指導要領の目玉である。

各教科・科目等で学んだ知識や技能の一体化、知の総合化や実生活との結合を目指し、ボランティア活動・就業体験・実験実習・調査・発表討論などの体験的・問題解決的学習や協力教授、地域の人々の協力を積極的に取り入れるというもので、横断的・総合的な学習課題としては国際理解、情報、環境、福祉・健康などが例示されている。これは、「青少年に対する教育活動の中核として……青少年の心意活動の特質と現実の生活の全一性とに則して現れて来た教科であり、青少年の生活に希望と生気とを与えるもの」という戦後初期社会科の再来を思わせる。

バージニア・プランのコアコースを下敷きにしながら教科の一つとして位置付けられた社会科には、その本旨を忠実に実践しようとする進歩主義教育の側からは配当時間の不足や不徹底さが批判され、系統学習教科主義の側からは這いまわる・ごった煮学習による学力低下が批判された。今回は、教科ではなく、必修ではあるが、中学で週二〜三、高校で週一〜二時間、評価はするが数的評定はしない。生徒も教師も好きなことが好きなようにできる楽しい授業、学校砂漠のオアシスとして、生徒に希望と生気を与え、学校再興の核になるかもしれない。

小学校の場合、生活科や「ふるさとタイム」などの「ゆとりの時間」の実績があり、学級担任制をとっているのでかなりの成果も期待できよう。しかし、中学・高校の場合、全校体制で取り組んだこの種の授業には戦後一時期の「自由研究」やこれまでの「必修クラブ」があるが、評価されるべき実績は余りない。たとえ週一〜二時間でも、不足を託つ各教科から無理やり供出してもらった貴重な時間を、生徒が楽しそうによく動くと言うだけの、締まりのない息抜きタイム・お遊びの時間に終わらすことは許されない。学校らしい緊張を伴う知的探究、知の総合化・生活化の場を目指すのであれば、主題に関する確かな知識・質の高い問題意識が必要であり、そのためには教科学習との密接な関連が不可欠である。

◇中学校の必修社会と「総合」の関連総合

先導的試行を進めるある中学では「わが校の創意工夫を生かした特色ある体験的活動は総合的な学習が、学び方・課題解決能力の形成は選択社会が、基礎基本の知識の定着は必修社会がそれぞれ分担している」と言う。これはあまりに皮相的アリバイ的で、自ら学び考える授業を創り、知の総合化・生活化をはかり、生きる力を育てる学校に変えようという新指導要領の本旨に合わない。時数削減の必修教科の授業では知識定着のためにいっそうの詰め込みを行い、その代償か免罪符として過ぎない。「総合的な学習の時間」は「時間のまとまり」であって教科ではない。週時間表に組み込むことも、ある時期にまとめて活用することも可能である。社会科の場合、他教科とも関連させながら年間指導計画の中に適切な総合的・体験的・深化発展的な学習活動を織り込み、それを全校カリキュラム委員会等に申請し、プールされている「総合的学習の時間」から必要時数の還元配給（戦後割当量を供出し飯米が不足してしまった農家に配給）を受けてはどうか。評価は別にするが授業は関連融合して行ない、定期試験の後などに調査・体験・まとめ・発表討論などの活動を計画してもよいだろう。このほうが改定の本旨や「総合的学習の時間」のねらいがよりよく生かされるし、死に体の社会科にも回生の道が拓かれよう。

◇高校の社会系教科と総合的学習

新指導要領の完全実施を来年度に控えながら高校現場では「総合的な学習の時間」への期待も関心

もきわめて低い。削減された時数のなかで授業の質を下げずにどう指導するか、教科経営のことで頭は一杯のようだ。「必修クラブ」のようにこれも早晩なくなるだろうという希望的観測?もあるようだ。しかし教科経営中心に考えても社会系教科としては、遺伝子を共有する「総合」の時間にはもっと積極的な関心を寄せて戴きたい。「現代社会」は望まれての誕生でなかった。進学校では教科書を買わせながら使わずに、その時間は他の受験科目の授業に充てる例が少なくなかった。それが社会科解体・必修解除の頃から、社会科本来の姿をこの科目に認めて期待も高まりつつあり、今回の二単位半減は悔やまれる。内容は精選・再編され、現代社会の諸問題・社会生活と青年の問題については、例示された問題の中から「二つ程度を選択」させることで辻褄合わせしているが、それでも二単位では、生きる力、学び方・思考力・表現力の育成と言う改定のねらいの達成は無理だ。

例示された地球環境・資源エネルギー・科学技術と生命・豊かな生活と福祉・大衆化・少子高齢化・高度情報化・国際化の問題はじめ、現代の経済・民主政治・国際社会と日本の役割など、この科目で指導する内容のすべてが、「総合的な学習の時間」の横断的・総合的な課題として例示された国際理解・情報・環境・福祉と健康と重なっている。先に述べたように「総合」のレベルアップには教科の協力が必要であるし、「現社」の指導には「総合」の時間と自己活動重視の方法が欲しい。「現社」に「総合」を取り込み再構成することで、双方が共に生き生かされる両全が実現するであろう。単位認定のこともあるので、実習・調査・発表などの学習活動は「総合」として区分し計画する必要があろう。成果はレポートや口頭発表に止めず、校内外に向け、劇・紙芝居・ミュージカル・ビデオなど多様な形で発表するほうが良い。地域住民への問題提起・関心の喚起でもいいし、施設の慰問であってもいい。成果のまとめ・表現・製作などには全校教職員・生徒の指導や協力を得たり、試験休みや学園祭なども有効に利用したいものである。

さらには、これと「世界史A」との関連融合がある。社会科の解体後も高校現場は、社会系教科としてまとまり、教科を超えた「地理」と「政経」、「倫理」と「世界史」のような科目担当がなされているので、「現社」と「世界史」の関連融合の提起にも違和感はなかろう。中学での世界史学習がいよいよ痩せ細るなかでは、「現社」学習のレディネスとして「世界史」学習が不可欠である。また、「世界史A」の地域紛争の背景と国民国家の課題や科学技術と現代文明についての主題学習のテーマは、「現社」や「総合」とも重なるところが多いので、これらを整理・統合し再編すれば質の高い学習が保障され、追究も深まり発表も豊かなものになるだろう。

社会科を守る戦い……………………………………上田薫

【解説】

この上田薫論文は、一九九〇年春、第八〇号の特集「社会科を守る」の冒頭論文である。当時、学習指導要領改訂（一九八九年）によって、小学校低学年の社会科と理科が「生活科」に合科され、高校社会科が地理・歴史科と公民科に解体され、「社会科の危機」に直面していた。

上田薫氏は、一九二〇年生まれ、戦後間もなく文部省に勤務、最初の小学校学習指導要領（試案、一九四七年）の作成作業にあたり、社会科新設の役割を担った。その後、名古屋大学、東京教育大学、立教大学に赴任、この論文執筆時期は都留文科大学の学長に就かれていた。また、「社会科の初志をつらぬく会」の代表者でもある。主な著書は、『社会科とその出発』（同学社、一九四七年）、『人間形成の論理』（黎明書房、一九六四年）など多数。『上田薫著作集』全一五巻（黎明書房、一九九二年）にまとめられている。

経験主義的な問題解決学習を初期社会科設立時に主張してきた上田氏は、その後の「系統的社会科」への旋回に対しても厳しく批判してきた。この九〇年の論文では、国家による系統的社会科「解体」に対して厳しく批判している。

当時の全民研でも、「生活科」や「現代社会」の授業をめぐって、「科学的系統的学習か、経験主義的問題解決方学習か」は大きな論争の焦点でもあった。

この論文は、系統的なアカデミズムに対抗して「経験主義的な立場に徹底するべき」であるとの「社会科の初志」を強く主張しつつ、教育に対する国家の権力的介入に対する激しい怒りを表明すると同時に、教員の主体的な社会科創造を期待する熱い檄文でもある。

（田中祐児）

沈黙を破れ

ベルリンの壁は破れたのに、日本社会の壁はいっこうに破れない。まして教育の世界の壁は、頑強に根をおろしたままである。これで日本の未来はどうなるのであろうか。世界から取り残されたまま、もてあまし者になってしまうのではないか。大国意識で優越感にふけっていると、恥さらしだというだけでなく、やがて取り返しのつかないところへ落ちこんでしまうであろう。

はっきり言って今日の学校は沈滞の極にある。それも一見素人眼には無事やっているように見えていながら、真実はやる気を失ってしまっているのである。もちろん出世したい、かっこよくしたいという欲はあるであろう。いや無難にやりたい、長い物には巻かれていたいという気持ちは強くあるであろう。しかし教育という仕事のために、自分を賭けてみるという姿勢は全く欠如している。たとえ痛い目にあっても人間らしいものを育てるためには絶対譲れないものがあるといった気配は、薄弱というより皆無といってよいのである。こういうことで、なにができるであろう。このようにひよわで無責任な教師たちによって、二一世紀に立ちむかう人間が育つはずはない。

今回改定された学習指導要領を見るがよい。そこにはこれからの危機的世界に取り組もうとする哲学が、かけらもないのである。今日力を握る者に露骨に好都合な筋立てと、それに見合いとも楽観的な未来の認識だけが、そこにはある。恐るべき人口増と資源の消耗、公害を含む環境問題の恐怖、生命科学の躍進によって建て直しを迫られる人倫。老人問題はとくに日本的な問題であるにしても、これら山積する難問題からはっきり視線をそらしたのが、改定の方向と内容だということができるのである。なんともそらぞらしい感じではないか。

国際化を謳う一方、日の丸や君が代に病的なまでに固執しているのも、まことに異様である。万国旗はためくというおめでたい国際風景を頭においているとしか思えないが、その典型的お祭であるオリンピックすらも、ドーピングはとにかくプロ・アマの問題で頭痛はちまきなのである。きれいごとだけで片づけることでは、人類は行きづまってしまう。しわよせをくう人間が限りなくふえていってしまう。文部省は、教育委員会は、いや教師は、それをどう考えているのであろう。

東欧の情勢が急変したのは、むろん最近のことである。しかし生活科や高校社会科解体に迎合している教師も、もうすこしは考えを動かしてよいころではないか。選挙での自民党流に、自由主義日本万歳、保守長期政権万歳を唱えていれば、動揺はないのかもしれぬ。が、日本の教育を考えてみると、戦後もまた教育は終始政治勢力に押さえつけられ、去勢され骨抜きにされ思うままにされてきている。なるほどしつけとか基礎学力とか好都合な大義名分を立てて子どもを押しひしぎ自由にしていれば、教師の得意と安楽はこの上ないにちがいない。しかしその結果個がゆがめられ窒息してしまえば、元も子もなくなるのは自明のことである。東欧の激動を直視すれば、教師もまた子どもを受身にしばりつけた指導の現状に、慄然となってあたりまえではないか。いま反省は、政治家にもないが、教師にもない。日本人全般がそうだといえば残念ながらその通りかもしれないが、新しい世代に直接責任をもつ教師たちに自覚が乏しければ、誇張ではなく絶望に近い思いがするのである。かつて世間で騒がれた教育荒廃は、本質的にはすこしも克服されていない。ただ表面だけがつくろわれているにすぎない。身体をはって教育のこの皮相退廃の流れをくいとめようとする気概ある人はいないのか。それともうどん底まで沈んでしまわねば、気づくことさえできないというのか。

高校社会科解体の必然性

小学校低学年の社会科が廃されて生活科とよばれるものが生まれ、高校の社会科が解体されて地歴科、公民科が新設されたのは、つい昨今のことである。すこぶる低調というか、平板で迫力を欠く新学習指導要領においては、そのいずれもが目玉にあたるということのようなのだが、率直にいってお粗末そのものといわなければならない。経過にも内容にも必然性が全くないのである。高校社会科の改定の経過にすこぶるあやしいものがあったことは多くの人が知っているが、それは要するに政治の教育に対する不当支配にほかならなかったのであった。それははっきりいってそぼくな縄張り争いに終始したというのが真実であるが、世界史の盲目的強調が結果として復古的な日本史独立を実現したことを考えると、〝敵本〟のにおいきわめて濃厚といわねばならぬ。社会科と離れた、いや社会科と逆方向の〝国史〟を目ざす一派の人びとがこの数年政治家と結んで策動していたことは明らかな事実であるが、ことはその思うつぼへすっぽりはまってしまったのである。審議の強引なねじ曲げもこの巧妙な屈折によって、本来の意図に迷彩をほどこすことに役立ったということができる。

国際化のための世界史尊重というのは語るに落ちる。生きた国際化のためなら社会科こそ有用だからである。実は国際化なるものがいかにも浅薄で、結局は外国の人とただ仲よくする程度のものだから論外なのだが、日本人がこれからの世界に伍して真に有為であるためには、現実から遊離した形でいわゆる系統的に知識体系を受容させられることは、プラスどころかマイナスの意味しかもたぬというべきである。そういうことへの認識が、文部省には全くといってよいほど欠けているのである。

世界史への理解が重要であるということには、実は私もなんら異議をもっていない。受験技術からくることか、選択が日本史に偏する傾向が強いのは残念なことであった。しかしだからといって、強制的に世界史を学習させれば状況を改善することができると思うのは安易である。それこそ受験向きに、古代から落ちなく撫でるように覚えさせれば、すなわち型通り受容させれば、せっかくの内容も生きるどころか、かえって人間を縛ることに役立つだけであろう。私が世界史を重視したいのは、現代の問題意識をもとに世界の歴史に自由にくいこみ追究理解することの可能性を生徒に期待するからである。けれどももしその視点に立てば、世界史もまた独立したかたちでなく社会科の中に置かれることこそ望ましい。それではじめて歴史的内容は現実性をもつ総合的理解・思考の対象となることができるのである。社会科の中に入れておくよりも独立させるほうが歴史重視の教育だときめこんでしまうシンプルな立場が一部にあるようであるが、そのように幼稚な逆行は戦後数十年の教師たちの努力を完全に無視したものといわねばならぬ。歴史を専門領域とする学者で社会と人間と教育とに無知な人が、ときどきそのような誤りを犯すことは遺憾である。もう一つここで指摘しておかねばならぬことは、これまでの高校社会科の指導自体かならずしも満足しうるものではなかったということである。解体に見舞われた原因の一つがこの点にあったとすれば、その不届きな意図だけを非難してすむものではないかもしれぬ。そう考えれば「現代社会」必修外しのこともあるのである。このことに関しては、むしろ現場教師の希望にそったという見方もできないわけではないのである。「現代社会」敬遠の理由が、もし指導のための工夫がおっくうということにあったとすれば、情けないとしか言いようがない。このたびの理不尽な解体が、教師たちに逆に奮起の機会を与えることを、私は強く願いたいと思うのである。

生活科という仕掛け

残念なことだが日本の学校教師は、小・中・高と学校段階によって分断されている。いや自ら分断しているといったほうが正しいかもしれない。小学校低学年の教師にとって、高校の指導は別の世界のことであり、逆に高校の教師は小学校の指導など、わが子が児童であるとき以外全く関心の外にあるといってよいのである。しかし本当にそのようでよいのであろうか。教育として一貫性を保ちうるのであろうか。いや、そんなことでそれぞれの指導がうまくいくものなのであろうか。

いうまでもなく小と中、中と高は段階として続いている、直接児童生徒の受け渡しをする間柄である。それにもかかわらず、共同研究はおろか、連絡をとり合うことさえほとんどない。それどころか実をいえば、おたがいに責任のなすりつけ合いをさえしているのである。あなたがたは本当にプロの教師かと、顔を穴のあくほど見てみたくなるほどのお粗末さである。高校の社会科解体と生活科の設置は、明らかに連動させられた一つの施策であった。どういうことか文部省は考える子ども、自立的な子どもがきらいで、幼いときから型にはめて受身に馴れさせたいと望むようである。低学年社会科は、高校の社会科同様、若干教師にもてあまされたきらいがあったが、いつか目をつけられて始末の対象になった。一年生でも二年生でもすばらしい社会科の指導が、ほうぼうに見られたにもかかわらずである。はじめは発達段階論をふりかざして、理科とともに合科の対象とした。文部省は久しくその実験研究を奨励していたのである。それが数年前突如〝生活科〟なる名称を思いつくと、合科など全く忘れたようにしゃにむに走り始めた。たしかに名前は気が利いているし、昭和二〇年代さかんに行なわれた生活学習を思い出させる。しかしいよいよ学習指導要領に発表されて中身が判明してみると、見かけ倒しは歴然としているのである。子どもの主体性などどこにもない。はっきり子どもを受身にする指導である。社会科も理科もその本質的なものはすっかり姿を消して、軸はしつけ以外のなにものでもない。社会も自然もこのように表面的なものをなでるだけでは、三年生以上の学習に続きようもないのである。いま小学校では情けないことに、しきりに生活科を追いかけて走っている。まだ正式に始められてもいないのに、なんとも内容稀薄な人気教科である。文部省はなんでも長上のいうままになる従順な子をつくって教育荒廃を予防しようと考えたのであろうから、骨のない教師たちが提灯をもつのは当然のことであるが、みすみす裏表をもつ子をつくってしまっているのだから愚かというほかはない。教育荒廃が生まれるのは、子どもがわくをはめられて個性的な自己をもつことができず、ついに自分のゆがみに耐えきれなくて爆発するためだということを、人は思いのほか気づいていないのである。

自民党は昔から社会科がきらいだった。昭和二〇年代の末には、全面的につぶそうと力をふりしぼった。私見ではそのとき以後の社会科はもはや去勢されてしぼみきっていると思うのだが、それでもまだ目ざわりに思えるらしいのである。うかうかしていると消滅させられてしまう。

社会科が生まれたのは新憲法のできる直前だったが、両者には切っても切れないかかわりがある。だから社会科をつぶそうとすることは、民主主義教育への挑戦であるといっても、まちがいはない。

ただその守られるべき貴重な社会科が、系統的内容を一方的に〝教授〟するごとき性格のものではなく、アカデミズムに対抗する経験主義的な立場に徹するものであるべきだということだけは忘れてほしくない。文部省の暴挙と本当に戦えるのは、そういう社会科だけなのである。

戦後社会科の理念と社会科の「解体」

——何を受けつぎ、何を課題とするべきか——

………宇田川宏

【解説】

本論文は、当時全民研副会長であった宇田川宏氏が、一九八九年の三重県高等学校社会科研究会で行った講演を文章化し、本書にも掲載されている上田薫氏の「社会科を守る戦い」とともに、機関誌「未来をひらく教育」八〇号の「特集　社会科を守る」の中に位置づけられたものである。

本論文は一九八九年の指導要領改訂による社会科解体の本質を、初期社会科の理念と構造を想起することで、明らかにしたものである。とりわけ、民間教育研究団体（特に社会科関連団体）でも、十分には意識されてこなかった社会科の教科構造を、初期社会科に立ち戻って検討し、小一から高一まで続く総合学習教科としての「一般社会科」とその上に立つ高二、三の分化（選択）科目という構造のもつ意義を、明確にうちだした。社会科が目標とする「自立的市民の育成」も、こうした総合学習による自主的科学的学習方法の体得を基盤としなければ、開花しない。初期社会科のこうした構造と性格は、その後の学習指導要領改訂によって、骨抜きにされてきたが、一九八二年実施の高校「現代社会」は、一時的にであったが、初期社会科の教科構造を「復活」させた。

しかし、一九八九年指導要領は、小学校では、理科、社会科を廃止して「生活科」を新設。高校社会科は、公民科、地歴科に変えられ、「現代社会」は選択になった。この社会科「解体」は、内容の変質であるだけではなく、教科構造の解体であった。本論文はこのことを明確にした。

（若菜俊文）

社会科は新学習指導要領でどのようになったか

元文部省教科調査官であり、今回の教育課程改訂で学習指導要領作成協力者を委嘱され、社会科六科目全体の座長に選ばれていた上越教育大学教授・朝倉隆太郎氏は、こう語っている。「戦後四〇年間、社会科教育を教育行政の側からつくってきた人間だから、私は右寄りだ。しかし、戦後教育の柱である社会科を通じて民主主義を根付かせることに人生をかけてきたんです」

この朝倉氏が「教科調査官を論議から締め出し、協力者の意見を無視するなんて、これまでになかった」と述べている（『東京タイムズ』一九八七年一一月二八日）。

それでは、「右寄り」の朝倉氏にこうまで言わせるやり方で改訂された新学習指導要領で、社会科はどのように解体されたのだろうか。それを教科の構造と内容の二つの面からおさえておこう。

◎教科の構造としてどう変わったか

これまで小学校、中学校、高等学校で「社会」と言われてきた教科は次のように変わった。

・小学校一、二年の社会と理科を廃止し、「生活」科を新設する。

・中学校の社会の「公民的分野」の時間を、これまでの週に三時間から最低なら二時間でよいとする。

・高等学校の社会を解体して「地理歴史」「公民」にする。これまでの唯一の必修科目であった

「現代社会」を必修から外し、「地理歴史」では「世界史」一科目を含む二科目、「公民」では「現代社会」または「倫理」「政治・経済」を必修にする。

中学校の社会科は辛うじて解体を免れた。しかし、小・中・高の三段階の学校を通じて、一二年間で社会認識を育てる「社会」という教科の構造は完全に解体されたのである。

◇内容はどう変わったか

教育課程審議会答申は「二十一世紀に向かって、国際社会に生きる日本人を育成する」（前文）と述べている。新学習指導要領は全体としてこの答申にそったものになっている。とくに旧学習指導要領の「社会」科に対応する科目では、以下のように〝国民〟の育成を強調し、道徳教育的な色彩を強めている。

第一。これまでも低学年から社会科を学習させるのは適切かという意見はあったし、幼年期教育と小学校教育との接続問題も議論されてきた。その点からすれば、「生活」科という教科を創設することは考えられる一つの選択である。しかし、新学習指導要領の「生活」科は「生活上必要な習慣や技術を身に付けさせ、自立への基礎を養う」ことを目標としていることからもわかるように、具体的な経験をふまえた豊かな認識を育てる教科であるよりも、道徳教育的色彩の強い教科である。

第二。小学校の「社会」は、「天皇についての理解と敬愛を深めるようにする」「我が国の国旗と国歌の意義を理解させ、これを尊重する態度を育てる」ことを第六学年の「内容の取扱い」で明記している。

第三。現行学習指導要領の高等学校「社会」の目標は「……民主的・平和的な国家・社会の有為な形成者として必要な公民的資質を養う」となっている。これに対して新学習指導要領の高等学校「地理・歴史」の目標は、「形成者」と「公民」が消えて、「……平和的な国家・社会の一員として必要な自覚と資質を養う」となった。すなわち、目標が大きく変えられている。

社会科「解体」の意味するもの

◇社会科「解体」の直接の動き

社会科を「解体」に導いた直接の動きとして、まず注目しなければならないのは、教科書問題を考える議員連盟会長・林健太郎議員らの主張と動向である。林議員は一九八五年三月、「社会科と言うものは……役割を終えたので、あれは解体して歴史と地理、それから道徳教育」にするべきであると述べている。このような主張が一部にあったが、一九八七年三月の教育課程審議会第三（社会科）分科会（学習指導要領作成協力者との合同連絡会議）での検討では、木村尚三郎、田村哲夫の二委員のみが「歴史」独立を主張し、他の委員は現状維持を主張して「現代社会」の選択化に反対した。

社会科の専門家の動向はこのようであった。それにもかかわらず、高石邦男文部事務次官が一九八七年一〇月二日に中曽根首相を二回にわたって訪問した後、一〇月一六日には高校課長が転出させられ、高校分科会での審議は社会科「解体」へとなだれ込んで行った。

◇社会科「解体」の背景

このような動きの背後には、「戦後政治の総決算」を、その一環としての「戦後教育の総決算」をめざす中曽根首相の路線があったことは周知のとおりである。

中曽根首相は、このような路線を実現するために首相直属の臨時教育審議会を設置した。臨教審の「審議経過の概要（その三）（一九八六年一月二二日）は、「『社会』については、『社会』としてのまとまりの意義・長短、地理・歴史等の指導の順序について検討する」と述べている。これを受けた「第二次答申」（一九八六年四月二三日）は、「小学校低学年の教科の構成については、……社会・理科などを中心として、教科の総合化を進め」「高等学校については、『社会』科としてまとめておくべきかどうかを見直し、中学校についても、その在り方を検討する必要がある」と述べ、戦後教育の象徴とも言うべき社会科を「解体」し、戦後教育を〝総決算〟する方向を明確にした。

それでは、中曽根首相は社会科を「解体」してどのような内容にしようと考えていたのだろうか。中曽根氏の以下のような見解をみると、新学習指導要領が「社会」でなぜ「天皇についての理解と敬愛を深めるようにする」のかが理解できるだろう。

「戦後においては、天皇は無一物なるがゆえに無尽蔵であると、そういう東洋的な、日本的な哲学のシンボル、権化として再び国民とともに歩まれるということになった」「総理大臣になるのは必ずしもそう上等なものばかりではありえないかもしれない。……しかし、天皇という存在はそういうものから超然として、そして一切から離れているがゆえに天空に燦然と輝いている太陽のごときものになる」（『正論』一九八七年一一月号）。

もう一つ見落とせないのは、政治から自立して行われるべき教育行政が自民党の意向のもとに進められていることである。文部省は今回の学習指導要領の改訂にあたって自民党と定期的に事前協議し、五項目の要望を受け入れて内容を決定している。そして、学習指道要領に自分たちの意向を受け入れさせた自民党議員は「私どもがやれば、異論のでるようなことはしませんよ」（『日本教育新聞』一九八九年二月一一日）と述べている。

◎社会科「解体」の意味するもの

以上のような動きや背景をふまえて考えると、今回の社会科「解体」問題で以下のような点を確認しておくことが、今後の課題を明かにするためにも必要であろう。

第一は、社会科「解体」は教育への政治の直接的な介入によって生じたということである。この点について、朝倉隆太郎氏は「こんなやり方で……社会科をつぶすやり方はクーデターだよ」（『東京タイムズ』一九八七年一一月二八日）と述べている。

第二は、直接の攻撃目標は「現代社会」であったということである。戦後、社会科といえばなによりも第一〇学年まで配置されていた「一般社会」である。「現代社会」はこの総合社会科である「一般社会」に相当するものである。この「現代社会」を、教科書正常化国民会議は「高校生に対して〝政治的洗脳〟もしくは〝政治的煽動〟を行う働きを根元的にもっている」科目であるとして、その廃止を主張していた（『新しい昭和六〇年度より使用される高校社会科教科書の分析的研究』）。しかも、社会科解体論者たちの多くは、社会科を「現代社会」と同じようなものとみている（「座談会・社会科と歴史教育」出席者・林健太郎、諸沢正道、田村哲夫、司会・高橋史朗『現代のエスプリ』二五一号）。したがって、まず「現代社会」を必修からはずし、次にそれを含む社会科を「役割を終えた」と「解体」したのである。

第三は、戦後社会科の理念を大きく変えたことである。朝倉隆太郎氏は、現行高校「社会」の目標にある「形成者」「公民的資質」という言葉が「地理・歴史」の目標から消え、「一員」という言葉が登場していることについて、次のように述べている。

「『一員』とは『ひとり。特に団体を講成する一人をいう』にすぎない。これに対して『形成者』とは『ある統一あるものを形作る人。一つの形に作り上げる人』の意味であり、一員というような消極的、受動的存在ではなく、積極的、能動的存在である」

また、「公民的資質」については、一九四八年の『小学校社会科学習指導要領補説』から長い引用を行っている。そして、その最後を「それは政治的・社会的・経済的その他あらゆる不正に対して積極的に反ぱつする心です。人間性及び民主主義を信頼する心です」と傍点をつけた引用でしめくくっている（『社会科教育』一九八九年四月臨時増刊号）。

新学習指導要領では、戦後の社会科の主要目標であるこのような「公民的資質」の育成が軽視され、その質も変えられているのである。

戦後社会科の理念と社会科の「解体」

◇戦後民主教育の見直し

今日、「戦後教育の総決算」が志向されるなかで、戦後民主教育の復権が言われている。しかし、当時、いわゆる〝新教育〟は一般に厳しい評価を受けていた。

第一に、その低学力が問題にされた。これは今日も基礎学力問題として検討されなければならないだろう。

第二に、それが本当に民主主義教育なのかということが問題にされた。たとえば、文部省の委嘱を受けて家永三郎氏らが執筆した『くにのあゆみ』（一九四六年）について、井上清氏は一九四七年に「皇室中心主義の立場で史実を選択し解釈している」（井上清『日本の歴史』）と述べている。また、矢川徳光氏は一九四九年に「『世界史的の視野と展望とがなくて企画される社会的な新教育運動こそ、危険きわまる妄想であるといわなければならない』ということである。わたしは『コア・カリキュラム論』はそういうものであると評価している」（『矢川徳光教育学著作集第3巻』）と述べている。

しかし、今日の時点で戦後教育を見直すなら、それは多くの弱点をもちながら、戦前の「教化」の手段となっていた教育を子どもを人間らしく「教え育てる」教育にしようとする試みであったと言うべきであろう。国家的な価値や社会的な行動様式を上から教えこもうとする傾向を強めている新学習指導要領が告示されたいま、このことを確認することはとくに重要である。

一九四六年四月に提出された『アメリカ教育使節団報告書』は、戦後の日本の教育改革の方向を次のように述べている。

「教育は個人を、社会の責任ある、協力的な一員となるよう準備しなければならない」「学ぶ者が教育の過程において活発な参加者となるのでなければ、……教育は、試験が終わるや否や忘れ去られてしまう諸項目をただ集積するだけのものになってしまうのである」「学校は、党派的な影響を及ぼすべきでなく、探求心を発展させるように助力すべきである。思想、伝達、および批判の自由を基礎にした知的な市民精神こそ、教育の重要な成果でなければならない」

一九四七年三月に発表された最初の「学習指導要領・一般編（試案）」は、「いまわが国の教育はこれまでとちがった方向にむかって進んでいる」と書き出し、この方向でもっとも大切だと思われることを次のように述べている。

「これまでとかく上の方からきめて与えられたことを、どこまでも、そのとおりに実行するといった画一的な傾きのあったのが、こんどはむしろ下の方からみんなの力で、いろいろと、作りあげて行くようになって来たということである」

◇初期社会科とは何であったか

戦後の社会科は、戦時下の「国民科」を批判し、それを「公民科」として刷新しようとして一九四五年一一月に設置された「公民教育刷新委員会」によって自主的に構想され、同年一二月に提出された答申でいち早くその内容が示された。

このような日本側の努力を前提に、一九四七年の「学習指導要領・一般編（試案）」によって誕生した社会科の目的を、「学習指導要領・社会科編（Ⅰ）」は次のように述べている。

「今度新しく設けられた社会科の任務は、青少年に社会生活を理解させ、その進展に力を致す態度や能力を養成することである。そして、そのために青少年の社会的経験をいままでよりも、もっと豊かにもっと深いものに発展させて行こうとすることがたいせつなのである」

一九五一年版「学習指導要領」は、朝鮮戦争の勃発（一九五一年六月二五日）などという厳しい情勢の中で、一九四七年版「学習指導要領」を日本の現実に即して発展させるものとして提示された。この五一年版「小学校学習指導要領・社会科編」は、社会科の目的と学習方法を次のように述べている。

「社会科は、児童に社会生活を正しく理解させ、同時に社会の進展に貢献する態度や能力を身につけさせることを目的とする。……そのためには、……かれらが実生活の中で直面する切実な問題を取りあげ、それを自主的に究明していくことを学習の方法とすることが望ましいと考えられる」

また、このような社会科の目的を達成するには「これまでの修身・公民・地理・歴史などの教科の内容を融合して、一体として学ばれなくてはならない」（四七年版「学習指導要領・一般編」）としている。第七学年から第一〇学年までを取り扱っている「社会科編（Ⅱ）」は、小学校からずっと行われてきた「社会科」を「一般社会科」として、その性格を次のように述べている。

「生徒が自分の力で社会の問題を解決しうるためには、従来の幾つかの教科の教材が総合され、融合されてこなくてはならないのであるが、この意味で一般社会科は総合社会科とよばれてもよいであろう」

このような考えにもとついて、戦後社会科は第一〇学年まで、すなわち高校一年までは「現代の社会」を学習する一般社会（総合社会科）を必修とし、第一一、一二学年、すなわち高校二、三年に選択社会科を置くという次のような教科構造になっていたのである。

小一二三四五六　中一二三　高一二三
←一般社会（総合社会科）→選択社会科

社会科は第一次改訂で日本の現実に即して改善された。この五一年版「学習指導要領」の運命について、作成者の一人である上田薫氏は次のように述べている。

「二五年から六年へかけては、もし文部省社会科批判の空気が現場を不安にし乱しさえしなかったならば、ようやく社会科の初志が地につきはじめようとする時期であった。二六年版はそのためのてこ入れであったというべきであるが、運命はこの学習指導要領がでることをもって、社会科らしい社会科を終焉せしめたのであった」（「二六年版学習指導要領の指向したもの」『上田薫社会科教育著作集5』所収）。

社会科は、最初の解体の危機を迎えるのである。

◇戦後社会科の理念と社会科の解体

戦後社会科とは何であったのだろうか。ここでは、以上のことをふまえて、その理念を次の三点で整理しておこう。

①社会科の目標……民主的市民（公民を含む）の育成。

②社会科の内容・方法……現代の社会の総合的で切実な実生活の問題を取りあげ、それを自主的に解決できる能力と態度を身につけさせること（生活主義）。

③社会科の構造……現代の社会を学習する「一般社会」を一学年から一〇学年に配して社会科の中心にし、高校二、三年に「選択社会科」を配置する（総合主義）。

②の生活主義は、生活をふまえた主体的な認識（リアリティがあり、行動を促す認識）を育てることと、知識を方法とともに身につけることを意図しているといえるだろう。

このような戦後の社会科は第一次改訂の翌年、一九五二年から「社会科解体」のあらしにさらされ、社会科問題協議会（会長・海後宗臣）などの活動でようやく存続が決まったのが一九五八年である。そして、こうした動向を反映して、戦後社会科は全体として次第に変質させられてゆくのである。この変質過程のうち明確なものをひろえば、先ず②の「生活主義」が第二次改訂（一九五五年）と第三次改訂（一九五八、九年）で「系統主義」になった。そして、少しとぶが今回の改訂で①と③が崩されて、戦後社会科はついに解体されたのである。

しかし、戦後社会科のとらえ方と評価は社会科を研究する諸団体で共通理解に達しているわけではない。したがって、社会科の「解体」についての見方も具体的には一つではない。一九六〇年の改訂で、高校社会科に「倫理・社会」と「政治・経済」が創設された。これを「総合社会科」である「社会」の「解体」であると、また一九七八年の改訂で「現代社会」が創設されたことを「総合社会科」の登場であるとする受けとめ方は必ずしも多くはなかった。これは、総合主義を戦後社会科の理念の一つとして位置づけていない、あるいはその意義を十分とらえていないことの現れであろう。

この点について、一九六六年から七二年まで文部省の社会科担当教科調査官であった梶哲夫氏は一九七七、八年の学習指導要領の改訂について、「学習指導要領の変遷史において、はじめて具体的な小・中・高一貫の社会科の実現が目指されたが、その中核をなすのが、高等学校の新科目『現代社会』であった」（梶哲夫「私の社会科教育に関する研究」一九八八年一〇月）と、「現代社会」の創設に注目している。

◇「現代社会」とは何か

教育課程審議会は一九七六年一〇月、全国高校長協会の反発をおして高校の低学年に総合科目を新設するという次のような答申を提出した。「現代社会に対する判断力の基礎と人間の生き方について自ら考える力を養うため、新しい科目（「社会（仮称）」）を設け、これを低学年において全員に履修させる」「高等学校学習指導要領」は「現代社会」の目標を「社会と人間に関する基本的な問題について理解を深め、広い視野にたって、現代社会に対する判断力の基礎と人間の生き方について自ら考える力を養う」と述べている。また、「内容の取扱い」では、「できるだけ総合的な視点から理解させ考えさせるように学習指導の展開を工夫する」と述べている。

これら教課審答申、学習指導要領などから考えると、「現代社会」は戦後社会科の「総合社会科」の復活であると言えるであろう。しかも、戦後の「一般社会」とはちがって、一九七〇年のいわゆる「公害国会」を契機として急激に取りあげられるようになった「環境、人口問題、資源・エネルギー問題」などの現代社会の諸問題を中心にすえて、それらを総合的に学習し、人間の生き方を考える科目である。

「現代社会」とはこのような科目である。この科目が必修をはずされ、社会科解体で「総合社会科」としての地位を失うのである。しかし、残念ながら、このような事態は学習指導要領改訂以前に高校現場で広範に進行していたのである。

いま、何を受けつぎ、何を課題とするべきか

◎社会科の目標について

政治の介入によって解体された「社会科」に戦後社会科の理念をどう復権するか。この課題との関わりでまず問題になるのは、社会科の目標である。新学習指導要領は国家・社会の「形成者」としての「公民的資質」の育成をめざすという点で後退しているし、「日本人を育成する」ことをめざし、全教育を道徳教育化しようとしている。こうした事態のなかで、第一に社会科・地歴科・公民科の目標に戦後社会科の、とくに初期社会科の精神を継承し復権することが求められる。それとともに、第二に、その目標は「宇宙船地球号」を問題にせざるをえない現代社会の課題に答えるものでもなければならない。

この二つの点をふまえて、ここではその目標を「人類社会に生きる市民（労働・文化・政治を担う生活主体）になるための社会認識と価値観を育成する」ことにするよう提起しておこう。

◎総合社会科、分化社会科のあり方について

新旧「社会科」の構造を、本多公栄氏の用語を参考にしながら整理すれば次のようになる（『転機に立つ社会科』）。

	小学校	中学校	高等学校
旧	（未分化）総合社会科	分化社会科	総合社会科＋分化社会科
新	〃	〃	独立「地歴」「公民」

新旧の「社会科」の構造をこのようにとらえたうえで、初期社会科の精神をふまえて、二つのことを提起しておこう。

第一は、現代社会の問題を総合的に学習する「現代社会」を総合社会科として一年で必修にすること。

第二は、独立した「地歴」「公民」の内容を、「社会科地歴」「社会科公民」として構想すること（この二つの違いは、理論的にも実践的にもこれまで十分に明かにされてこなかった）。

◎課題としての教科構造

小・中・高を通しての「社会科」の教科構造はどうあるべきなのだろうか。たとえば、一九五五年の高等学校学習指導要領で消えた「時事問題」のような科目は要らないのか。また、歴史認識は小・中・高を通してどのように形成するのか。

これらを含めて「社会科」の教科構造を検討することは、「社会科」が解体された今こそ避けられない課題である。

グループ学習と児童中心主義

川合章

【解説】

この論文は、機関誌「民主主義教育」第一七号（一九七四年、夏季号）に収録。川合章氏は、一九二一年生まれ。教育方法史を研究。日本生活教育連盟（日生連）で活躍。埼玉大名誉教授。民主教育研究所顧問も歴任。

戦争直後に大きな広がりを見せたコア・カリキュラム連盟－日生連で活躍していた川合章氏が、それまでのグループ学習や児童中心主義の問題点を整理し、生活意欲、学習意欲を掘り起こし組織するためのグループ学習を分析、問題提起している。この論文は、「授業のくふう」と題された特集の冒頭論文となっている。特集には、高校での授業実践が五本掲載されているが、その四本がグループでの学習を取り上げている。

一九七四年には、高校進学率が九〇％を超えた。高校紛争を経て、高校全入の時代を迎えた。「詰め込み教育」「新幹線教育」などと呼ばれ、「落ちこぼれ」という言葉も生まれた。校内暴力が増加し、中等教育の質的な転換が迫られていた。これが、この論文が書かれた当時の状況であった。

「子どもだけで学びが深まるのか」は、グループ学習に対する批判である。共同体的な学びを提唱される佐藤学東大大学院教授は、教え込もうとする教師の意識や行動を変え、学習内容のレベルを高く設定することで、可能であると答えるであろう。川合章氏は、高度すぎる内容は避けながらも、効果のある場面で、しっかりした学習内容と教師の手だてによっては十分に可能であると答えられるのではないだろうか。

川合章氏は、ご自身の戦争経験からくる平和への思い、人間が自らの手で社会を作り、歴史を作っていくことへのこだわりをもたれ、すべての子どもの発達を信じて行動や発言をされていることも付記しておきたい。グループ学習を始めようとするとき、読んでほしい論文である。

（森田敏彦）

1

ここ数年来、グループ学習が見直されている。全国教研社会科分科会でも、毎年グループ学習を採用した授業（とくに高校）の報告書が何本か出されている。受験体制の強化、高校多様化等々のため、学習意欲を喪失している生徒たちを何とかしようとする努力の結果であろう。

グループ学習は、戦前にも一部で試みられていたが、戦後初期、文部省の『新教育指針』（一九四七年一月）で次のように奨励されてから、討議法などとともに一種のブーム化した。

「わが国のやうに、一学級の児童数の多いところにあっては、全体の協同学習に入る前に、五六人位の班に分け、各班で協同して学習する方法、いはゆるグループ学習をとることがよいであらう。各班で、共通の問題について学習することもあり、また一つの教材をいくつかの小問題に区分し、各班がその一つを分担して学習し、その結果をもちよって、学級全体で協同学習をするといふ方法もある」

このようないい方にも示されているように、グループ学習には、一定の内容を少人数で、相互に援助しながら理解を深めるというすすめ方と、それぞれの小課題を各グループが分担して調査ないし作業するというすすめ方とがある。戦後初期に盛行をきわめたのは主として後者である。

この後者がこの時期にもてはやされたのには、それなりの事情がある。

敗戦によって、戦前教育体制、国家主義的、軍国主義的な教育、その中身をなす国定教科書による指導が否定さるべきだとされた。しかし、否定の中から何を生みだすかは必ずしも自明ではなかった。

そこにアメリカ進歩主義教育の教育論が嵐のような勢いでもちこまれた。プラグマチズム、児童中心主義の教育である。戦前、戦時体制から解放という課題意識が、そのまま「外から」の伝達の否定、教師による教材提示の否定という発想と結びついた。こうして学習主題の設定から、小課題の分節化にいたるまで、児童の直接的な興味ないし欲求に依存すべきであり、教師はその際援助者としての役割に満足すべきだとされた。

プラグマチズムは、客観的真理の存在を否定する主観主義の傾向を根強くもっているために、学習の到達目標を予め設定することを「教えこみ」として否定する。さらに、またそれには、学習対象の科学的理論的認識の成立よりも学習の過程を重視するという名目で、子どもたちが何かに夢中になっていさえすれば一定の成果があがっているとみたり、あるいは、そのこととも結びついて、学習対象のごく一部に集中的にとりくみさえすれば、他の部分や分野についての学習はそれほど必要でないとする発想もみられた。

児童中心主義は、このような教材観、教育観と結びついて、子どもたちの自発的な欲求活動であれば、それがその場かぎりの偶然的なものでもすべて肯定するという傾向をもっている。またそれは、子どもの立場に立つようにみえながら、その子ども観がきわめて抽象的一般的であるため、現実に社会生活をおくっており、学習の進展も多様な一人ひとりの子どもに即し、彼らを着実に発達させるための手だてを具体的に追求しようとする姿勢を欠いていた。

このような事情ないし背景のもとですすめられた戦後初期のグループ学習は、グループで学習することの必要性、必然性をつきつめることなしに、学習形態だけが先行することになり、そこからとうぜんのこととして、学力低下問題をひきおこし、ブームはやがて急速に沈静に向かうことになった。

ところが近年、戦後初期のものと事情はちがうが、小・中学校などでも教科教育の形態としてグループ学習が再び採用されつつある。一方で学習指導要領の「法的拘束性」なるしめつけが行われ、教材そのものの質を問うことがタブー視されるなかで、教科研究というと授業の形態、方法だけがクローズアップされるという傾向があり、他方では子どもたちの思考力、想像性の啓培がいわれるような状況のもとで起っている事態である。実情に詳しいわけではないのでいちがいにはいえないが、この場合はどちらかというと、グループ学習のうち、「各班で、共通の問題について学習する」ものが多いように思われる。

先日公立の小学校で五年生の理科の授業を参観する機会があった。熱の伝導の授業の一コマである。水を温めると、「水が動いて湯になるわけを考えよう（水より湯のほうが軽いことをたしかめる）」というねらいで、グループごとに話しあって実験の方法を相談し、結果をクラスに発表し、それにもとづいてグループごとに実験してまとめる、という授業案で、しかもこれを一時限でやろうというのである。授業案にはこのように書いてあったが、実際には、グループごとの実験方法についての話し合いは前の時間ですませたのであろう、教室に入った時にはすでにグループ毎の発表が行われていた。発表の内容は正直いって筆者にはよくわからなかった。担任からは若干の助言もあったが時間にせかれて、「次、何班」と進行し、終るとすぐに実験にかかる。フラスコの水に色水をいれて温める組もあれば、二つのフラスコに等量の水をいれ、片方の水を温め、てんびんで測ろうとしている組もある、という調子である。しかも、多くのグループでは、リーダー格の子が一人でさっさと作業をすすめて、他のものは見守っている。グループ実験が続いているうちに時間がきて終ったが、どのように教師によってまとめられたかは定かでない。

まことに頼りない参観記であるが、自然科学教育のずぶの素人の目からではあるが、これで子どもたちの学習がどう進展したのかはまったく理解できなかった。フラスコやビーカー、アルコール・ランプなどの使い方は手慣れており、子どもたちは作業を楽しんでいるふうではあるが、これで科学教育になるのかどうかについては素人なりに疑問を感じた。事前の学習について十分に知らないできめつけ的ないい方はできないが、水を温めると量がふえるということを、物質の分子構造、分子活動との関係でしっかりおさえさせていないために、どう実験してよいかを考えるいと口を子どもたちはもつことができず、教師からも適切な指示がなかったために、グループの活動がほとんど意味をもたないことになったのではないか、などと感じたものである。

2

全国教研の報告書から、高校でのグループ学習の一例を伝えよう、窯業科などをもつ滋賀県信楽工高の地理の実践である。選別体制のもとで「自分はあほや」「なんぼがんばってもあかんのや」とあきらめきっている生徒に学習意欲をもたせるために、「生徒の興味の湧く内容」をとりあげ、「あせらない」ですすめていくことを考え、一学期は「自然と人間」との関係を、エピソード、「身のまわりの地域との比較」などをもりこんでやってみたが、授業はなお一方的であった。そこで二学期には「生徒が授業の主体であることを理解させるため」、グループ学習を試みた。「まず、世界の農業地域を各クラス一五班（一班二～三名）で分担し、各班の発表時間は原則として一時間とした」。当初はグループ学習は軌道にのらなかったが、「あるクラスでまとめをプリントにして配布し、成功をおさめた」頃から、他のクラスにも積極性が出て来た。この二学期の経験から、教師は「進度を気にするとグループ学習はできない」という教訓をひき出している。こうして三学期では、エネルギー資源問題など現代世界の重要問題について講義をして終わっている。この経験をもとに、この教師は現在、週一時間をグループ学習にあて、残り二時間は、世界の諸地域の特徴について講義式ですすめている。このような授業実践について、担当者は、そのねらいは、『どうしたら生徒が地理の授業を楽しく学び、学習意欲を回復するか』ということであり、『生徒にわかる授業』ということである。私の実践は、このための試行錯誤でしかない」とのべている（木村泰男「選抜制度・多様化による生徒の実態と授業実践」）。

このような簡単な紹介では理解してもらえないかもしれないが、とにかく選抜体制の下でうちひしがれつくしている生徒たちにいかに学習への意欲をかきたてるかを主要なねらいとした授業である。この場合「生徒の興味」、「身近な内容」、「生徒が授業を楽しく受けられる」などを留意して授業にとりくんでいる点だけを全体から切り離してみると、戦後初期のグループ学習を想起させるかもしれない。しかし、児童中心主義と児童の実態に即すこととは同質ではない。この授業では、戦後初期のそれと区別できるいくつかの点がある。その一つは、教師じしんが明確な地理観をもち、したがって、生徒に即した一年間の授業での到達目標をもっている。第二には、グループとクラス全体とのかかわりを十分に意識し、一方ではグループ学習の成果をプリントに作成し、クラス全体にかえすことをしており、他方では、教師の講義と生徒たちのグループ学習を何とかかみあわせようとしている。第三には、したがって子どもの興味関心を大切にしているが、子どものその場かぎりの興味にそって授業をするのではなく、生徒の学習意欲を未来の地理学習に向かわせるよう配慮している、などがそれである。ついでにいえば、この学校ではひと頃暴力沙汰が横行していたが、生徒会を中心とした民主化のとりくみの中で「暴力を否定した学園づくり」のムードが高まっているという。

3

以上のきわめて数少い事例から考えることであるが、グループ学習のあり方にかかわって、いくつか原則的な点を明らかにできそうに思われる。

まずグループ学習は、それを採用したからといって必然的に児童中心主義に陥るという性質のものではない。そして児童中心主義に陥らないためには、何よりも授業内容そのものを科学的、文化的なものにしていくこと、そして子どもたちの実情を十分配慮しながらも、学年あるいは個々の教材における学習の到達目標を明確にしていくことが必要であろう。授業についていけない子ども、学習意欲を喪失させられた子どもの存在を無視して、画一的で固定的な到達目標を固執することは、教師の国民に対する責務を回避することになるが、同時に、子どもたちに期待されている基礎的な学力、共通教養にむけて子どもたちを高めることに十分配慮しなかったり、相互に脈絡のない内容を子どもたちが関心をもっているからというだけでとりあげたりすることも、右の責務を果す道ではない。科学的真理、文化的真実のきびしさを子どもたちにやがて体得させることも、国民教育の重要な課題であり、この点からいっても、学習の成果の適正な評価を避けて通るわけにはいかない。

この点から第二に、グループ学習を採用するかしないかは、右のような授業の展開において、それが一定の有効性、あるいは必然性をもつかどうかによってきめられるべきであろう。グループ学習のねらいは、すでにある程度のべたことだが、一斉授業で学習したことを少人数の子どもたちの相互学習でいっそう確実なものにするためのもの、授業のある段階で問題解決のための予想をたてさせるためのもの、一定の教育条件のもとで共同の実験や作業にとりくませるためのもの、クラス全体の共通の課題にくみこまれた小課題を分担させるものなど、多様である。それぞれに授業展開の位置づけがちがうわけだが、共通にいえることは、各グループの成員がグループで学習ないし活動すべき中身、その意図を十分に知っていること、とうぜん、グループでの学習のクラスの授業展開における位置を知っていることが必要な点である。この点があいまいにされると、グループ活動がだれたものになってしまう。このこととともからんでグループ学習では、子どもたちの力量からみて十分到達可能な課題を準備してやらなければならないはずであり、あまりに高度で複雑なものは避けなければならないであろう。

さらに指摘しなければならないことは、グループにおける共同学習のあり方について十分指導することの必要性である。少人数のグループの良さは、分らないことが卒直に出せる、ちがった意見がいえるという点である。これはふだんの生活指導のあり方ともかかわるが、こういう状況をつくりだすための配慮なしでは、グループ学習の長所はほとんど生かされないであろう。

第三に、右のことの中に含まれるが、グループとクラス全体とのかかわりが重要である。各グループがクラス全体に対して一定の責任を分担しているという意識をもてるようにすること、そしてグループの学習成果がクラス全体に報告され、クラス全体の学習成果にきちんと位置づけられることが必要である。くりかえしになるが、グループでやらせれば何か新たな授業展開が可能かもしれない、というような安易なとりくみは避けるべきであろう。

以上思いつくままに留意点といってよいものをあげてきたが、最後に、いわゆる能力別指導に言及したい。わたくしたちの間には、能力別指導を差別選別教育の方法として、初めから忌避する雰囲気が強い。たしかに無原則的なそれの採用は差別選別の強化につながるし、また能力別指導を必要としないように、つねにどの子にもわかる授業をする努力は貴重である。しかし、だからといって、すでにいわゆる学力差がつき、授業についていけないということで苦しんでいる子どもたちを放置しておくことは、やはり教師の責務の放棄といわざるをえない。すべての子どもの発達可能性を信頼し、遅れた子どもたちを高めるための特別の配慮を具体的に講じることが要請される。もちろん現行学習指導要領、教科書の教材をそのまま肯定するわけではないが、その中にはどのような教育課程を組んでも落とすわけにいかない中身も含まれているはずであり、そうしたものの学習の遅れを無視することは、子どもたちの人権の侵害にもつながるからである。こうした配慮が結果的に能力別のグループ学習の形をとることになっても、それはいささかも非難さるべきではないであろう。

第三章

平和の思想

憲法五〇年と教育の課題…………樋口陽一

【解説】

本文は、憲法施行五〇年という節目の年に開催された第二八回大会の記念講演（愛知県蒲郡、一九九七年）の記録である。初出は、機関誌「未来をひらく教育」一一〇号（一九九七年）。

樋口陽一氏は、一九三四年仙台市生まれ。東北大学名誉教授・東京大学名誉教授。講演当時は、上智大学教授。樋口氏は、『憲法』（創文社）、『比較憲法』（青林書院）のほか、多数の専門書を刊行し、憲法学界をリードする一方で、市民向けの多くの啓蒙書（岩波新書など）を発表し論壇でも活躍されてきた。それゆえ樋口ファンは市民層にも多い。

講演のなかで、樋口氏は第九条を取り上げている。これまで、第九条の意味は、「戦争をしない」、「軍隊を持たない」という点に収斂されてきた。しかし、樋口氏は、もう一つ重要な意味を私たちに教えてくださった。それは、日本社会の民主主義を支える条件＝〈自由と人権の基礎としての第九条〉という意味である。八・一五以前の日本は、社会の価値体系として軍事がすべてに優先していた。天皇主権と国家神道、皇軍との三位一体を解きほぐすことが、戦後日本の民主主義そのものであったとすれば、第九条は、その要に位置することになる。第九条は、軍事価値を序列の最優先におく社会のあり方を拒否するものである。

講演冒頭、樋口氏が提起した、「民主主義を民主主義的に教えることは可能か」というテーマもこのことに関係している。憲法とか民主主義を一つのドクトリンとして教えるだけでは済まない状況になっている現在、第九条が支える民主主義－議論の自由・批判の自由－の意味を教育の中に位置づけ直し、若い感性とも切り結ぶ民主主義教育の方向性を、樋口講演は示唆しているのではないだろうか。

（吉田俊弘）

民主主義教育の難しさ

民主主義教育ということ自身がすでに、定義上たいへん難しい問題を抱えていますね。民主主義というものを民主主義的に教えることが可能か、という問題です。アンチ民主主義の側は、ある一つの考え方をやみくもに教え込み、注ぎ込めばいいのですから、彼らの世界観からすると論理的にそれでちっとも矛盾がない。しかし民主的な立場からすると、民主主義をも民主主義的に教えなくちゃいけないということになります。いみじくもここに民主主議とミスプリントしてありますように、議論するのが民主主義の本質ですから（笑い）、議論抜きに教え込むことはできないというのが民主主義教育ですね。はなからそういう難しさがある。これは難しさであると同時に、まさに民主主義の側の名誉だと思います。

ジャン・ジャック・ルソーは「自由への強制」ということを言いましたが、確かにそういうことがあるんですね。さっきご紹介いただいたように、一九四五年にわれわれ少年は自由を強制されたわけです。あのとき外国の軍隊によって自由を強制されなければ、いまも私たちは歴代の天皇の名前を暗唱するような教育を受けていただろうと思います。ですから自由への強制ということは、歴史のある段階ではどうしても必要なことだと思います。しかしそれをいつまでものべつ幕なしに続けていることは、自由の観念が許さない。そういう問題が、民主主義教育という言葉自身に含まれています。

「一身にして二世を経る」

福沢諭吉の言葉に「一身にして二世を経る」という言葉がありますが、先頃出版した対談のお相手になってくださった加藤周一さんなどの世代は一身にして三世を経ているんですね。一九三五年から四五年までは、真黒な、というよりは真カーキ色の、日本国中が陸軍の軍服で埋まっていたような一〇年間でした。しかしその前には、相対的にではありますけれども大正デモクラシーのリベラルな時代があったわけでしょう。

この時代は女性には参政権がありませんでしたが、男性にかんするかぎり、納税額の差別要件は撤廃されてとにもかくにも普通選挙が獲得され、衆議院で多数を占めた政党の党首を天皇が内閣総理大臣に任命するという慣行ができました。これは厳密に言うと、一九二四年から一九三二年までの八年間しか続きませんでしたけれども。その政権交替は、政友会と民政党という、いわゆるブルジョア的二大政党の間で争われ、これは似たようなものでしたけれども、彼らは今日の自民党と新進党の間よりはるかに真剣に争っています。政治生命を賭けて争いました。争いすぎていろいろスキャンダルを起こしたりして、それが逆に右寄りの運動に口実を与え、議会政治そのものの墓穴を掘ることになりますが、少なくともいまよりははるかに衆議院は活性化していました。

世間が真カーキ色になる前、そして東京が焼け野原になる前には、日比谷の音楽堂でオーケストラの演奏会もあったし、銀座のキャバレーもあったし、カーキ色づくめでない時代があったわけでしょう。そういうものを若い時代に経験なすっていた加藤さんの世代は、三世です。私どもの世代になると二世。軍国少年時代と戦後の解放の時代です。

私の受けた教育――八・一五を境にして

さきほど紹介していただいた小隊長という話は事実上の話だけじゃなくて、制度上そうだったんです。私はちゃんと辞令をもらいました。仙台の連坊小路国民学校という学校でしたが、学校が連隊で、校長先生が連隊長、六年生が第一中隊、五年生は第二中隊なんです。その「第二中隊、第〇〇小隊副小隊長を命ず」という正式な辞令を連隊長からもらいました。

それが五年生の一学期で、八月一五日を挟んで二学期になりますと今度は「級長」というものになるんです。それから一年ぐらい間を挟んで、新制中学というのが忽然とできました。何もない焼け跡に文字どおり忽然とできたわけですから、もちろん校舎もありません。私は結局、小学校に九年いました。六年間は小学生で、あとの三年間は中学生なんですが、中学校は二部授業で小学校に間借りしていたわけです。

新制中学になりますと、「級長」は権威主義的で戦後民主主義教育に合わない、ということになって「学級委員」になりました。副小隊長、級長、学級委員というふうに数えれば、私も一身で三世を経ていることになりますが、それが八月一五日を境にした私の記憶です。

そういう大きな変化を経て、いま振り返ってみますと、真面目な先生は、八・一五以前は本気で軍国教育をなすったように思います。そして八・一五を境にして、今度は本気で民主主義教育をなすった（笑い）。これは意地悪な言い方をしているんじゃなくて、客観的な事実として、ですね。逆に、八・一五以前に少し斜に構えていた先生方は、八・一五を過ぎてもアメリカそのものにたいして〝何かいかがわしい〟という構えを捨てませんでした。やがてアメリカ帝国主義ということが問題になってくるわけですが。だから先生方は真面目じゃない方がいい、と言いたいのではありませんで、教育を受けた側の一人である私が見た客観的な事実を申しあげているだけです。

ただ、真面目に軍国主義教育をなすっていた先生も、決して自分自身をお忘れになっていたわけじゃないんですね。いまでも覚えているエピソードがあります。空襲警報が鳴って、われわれ子どもたちはみんな、校庭につくってある形ばかりの防空壕に駆け込みます。そのときも教科書はみんな持って逃げるんです。軍隊では一つひとつの備品は天皇陛下から預かったものですから、自分の命より大事なわけでしょう。国民学校の児童にとっては教科書は天皇陛下からいただいたものですから、それを持って逃げるわけですね。ある少年――いまも付き合いが続いている男ですが――が、防空壕に飛び込む前にドーンと教科書を落としたんです。慌てて防空壕から飛び出そうとしたら、先生が、

「〇〇、どこへ行くんだ！」と、とめました。

「天皇陛下からいただいた教科書を落としてしまったのであります」

と、少年は一所懸命教科書を拾いに行こうとする。先生は行かせないためにピシャッとビンタを張って、

「おまえ、天皇陛下からもらったものとおまえの命と、どっちが大事だと思うんだ！」

とおっしゃったんですね。八・一五以前ですよ。そういう場面、場面で、先生方は当時の私たちに、

五〇年たっても忘れないような記憶を残してくださいました。

教育にとっての憲法——国民の教育権対国家の教育権

さて次に、教育にとっての憲法ということを考えてみたいと思います。この点では教科書訴訟で争われている問題を、ちょっと対象から距離をおいて考えてみる必要があるのじゃないでしょうか。私はあまりアクティヴに外に向けての仕事をするタイプの人間ではありませんが、ささやかながら家永先生の訴訟を支える隅っこには居続けてきたつもりです。

家永先生の教科書訴訟で争われた中心の論点は、皆さんご承知のように「国民の教育権 vs 国家の教育権」という言い方で表現できるだろうと思います。これがあの訴訟の中心テーマであり、いままでも非常に大事な論点ですけれども、その外側にもう一つの問題があるということも、共通に頭のなかに入れておく必要があるのじゃなかろうか。

つまり「国民の教育権対国家の教育権」というのは、戦後日本の憲法問題の争いが教育の場面で集中的にぶつかり合った典型的なテーマですね。繰り返しますが、この対抗関係の意味を少しでも相対化するつもりはありません。それは非常に大事なことであり、いまでも大事なことであり続けているということを前提にしたうえで、しかしこの二つの立場は、ある一点で共通の土俵の上に立っているということを考えたいのです。要するに、国民なり国家なりが教育権をもっているという土俵です。

フランスにおける国家＝国民の教育権という考え方

それに対して欧米の教育をめぐる争いはどうだったか。教育の場というのは、民主主義が根づくためには必然的に主たる戦場になるんですね。「教育をそういう場にするな」という言い回しもあります。そういう言い方が大事な意味をもつこともありますけれども、どこの国でも、教育が、民主主義対そうでない勢力がぶつかり合う主戦場でした。

その場面で、対抗の図式が一番はっきりと目に見える形で現れたのがフランス革命以後のフランスだと思います。フランス革命というのは、バスチーユの事件が一七八九年ですから約二〇〇年前ですね。あの国は世界に先がけて典型的な近代革命をやったんだけれども、近代民主主義的な政治・経済はなかなか安定しませんでした。ナポレオンが出てきたり、フランス革命で処刑された王様の弟が王政復古で出てきたり、ナポレオンの甥にあたるルイ・ボナパルトがもう一回出てきて第二帝政と称するものをやったりというふうにいろんなジグザグがあって、フランスが議会制を安定させた民主主義国家として定着するのは、フランス革命からちょうど一〇〇年後です。

フランス革命からほぼ一〇〇年たった一八八〇年代から今世紀の初めにかけてのフランス社会の大きな争点が、まさに教育問題でした。それはなぜかというと、フランスの伝統的な保守勢力――反革命勢力――の中心は、その時期まではカトリック教会でした。いまがそうだというわけじゃありません。一〇〇年前まではそうでした。そして〝フランス革命そのものがなかった方がいい〟と考えるカトリック教会を中心とする勢力が絶えず揺り戻しをして、フランス革命から一〇〇年たっても議会制民主主義が安定しなかったわけです。それが、プロイセンと戦った普仏戦争で負けてナポレオン帝政が崩壊して、ようやく仮のつもりでつくったのが一八七五年の憲法でした。

ここで成立したひ弱な共和派政権がやろうとしたことは、カトリック教会の教育に対する影響力を潰していくことでした。そのために、全国津々浦々に初めて公立の学校をつくるのです。そうすることによって、それまで教育を、つまり次世代の国民の養成を独占していたカトリック教会の、社会そのものに対する影響力を取り上げていくという、はっきりしたコンテキストがありました。

それに抵抗したのはもちろんカトリック教会と、それを支持する親たちです。ですからここでは、ようやくマジョリティをとることができた民主主義共和国を標榜する勢力、つまり国民はイコール国家なんです。国民の教育権＝国家の教育権。

戦後日本の場合には、国民の教育権と国家の教育権、文部省と現場の先生方というふうに分裂して、そのぶつかり合いが一連の教育関係訴訟になっています。「学テ」（学力テスト）でもなんでもみなこのパターンですね。それにたいして一〇〇年前のフランスでは、国家＝国民の教育権という考え方によって公立の学校をつくっていったわけです。最近「近代国民国家」ということがよく言われますが、近代国家というのは本当は国民がのっとっているはずですから。

公立学校の教育と教育の自由

公立の学校では徹底した政教分離の教育が行なわれました。いかに徹底していたか、その時期の行政裁判所の判例を見るとよくわかります。キリストの十字架のペンダントをして教場で教えていた女の先生を、校長が政教分離違反として処分して、それを争った事件があります。さすがに行政最高裁判所は「それは校長先生の裁量権の乱用である。行き過ぎだ」として原告を救済しましたけれども、しかしそういうことが問題になるほど徹底した政教分離だったということを、私はここで言いたいのです。

しかも、そのときのフランスの社会の圧倒的多数はカトリックでした。いまでも九〇何パーセントはカトリックです。つまり、圧倒的な社会のマジョリティの宗教も学校の門の中に入ってきてはいけない、というのがフランス流の政教分離なんですね。

ついでに申しますと、フランスではここ一〇年ぐらい、教育での政教分離の問題がまったく別のコンテクストで深刻な問題になっています。今度は社会の多数派じゃなくて、社会のマージナルな部分にあるイスラムの人たち。イスラムの女性は、父親と夫の前以外では顔を見せちゃいけないというので、チャドルというイスラム風のスカーフをかぶっていますね。ある中学校で、それを教室でもかぶったまま授業を受けようとした女生徒に、校長先生が「それを取りなさい」と言い、「取らない」というので、いくつか段階があるんですけど、結局退校処分にしたという事件です。

これはさっき言ったような、フランス社会の圧倒的多数派のカトリックの宗教でさえ学校の中に入ったことが問題になるような厳格な政教分離のルールの基準からすれば、決して恣意的なわけではありませんね。しかしそれがあらためて問題になって、その小さな中学校でのできごとがフランス社会の大問題になりました。当時はミッテランの社会党政権でしたが、ことの性質上、社会党の指導部の考え方もまっ二つに分かれました。つまり〝フランス革命以来の徹底した政教分離が大事だ、いかなる宗教も校門の中に入ってきてはいけない、学校という公教育の空間は政教分離が徹底してなくちゃいけない〟と考えるならば、校長先生の処分は当り前だということになります。しかも政教分離に反するだけでなく、チャドルをかぶるという仕草そのものに現れているように、これまたフランス革命以来の、少なくとも建前としてフランス社会が掲げてきた男女平等というもう一つの基本価値にも抵触することになりますから、当然、校長先生の処分は当り前だということになります。

それにたいして比較的新しい考え方からすると、〝文化の多様性を認めるべきだ。これは「相違への権利」だ。学校教育のなかでも違ったものが共存する。それがあるべき姿だ〟とする考え方。この二つの考え方は右と左に分かれるような話ではなくて、右の陣営、左の陣営、それぞれに考え方が分かれるような問題ですね。

この話に深入りしますと日本の話に戻れませんのでこのぐらいでやめますが、要するにフランス近代の教育観というのは「国家＝国民の教育権」です。それにたいして、それでは困るというカトリック教会、あるいは自分が信ずるカトリックの教義に従って子どもをソーシャライズして世の中に送り出したい、ということに固執する親からすると「国家のやろうとしていることはとんでもない」という話になります。そういう親の側の主張が「教育の自由」というスローガンになるんですね。ですから「教育の自由」というスローガンは一〇〇年前のフランスでは、具体的には反民主主義的な勢力が出してきたスローガンなんです。

繰り返して言いますが、いま日本では、家永先生流の「国民の教育権」と、文部省の相も変わらぬ「国家の教育権」のぶつかり合いがフロントの争いになっているわけですから、その意味を相対化していいということではありません。それとはまったく別の問題として、「国民の教育権」あるいは「国家の教育権」の外側にある「教育の自由」の問題を申しあげたわけです。

日本では学校教育がいろいろな問題を抱え込んでいますね。道徳教育からお行儀から世間を渡る知恵まで全部学校教育で教えなくちゃいけないということになっています。

けれども、たとえば「日本とアメリカが戦争したことがある。そしてアメリカが勝ったんだ」とか、「日本が隣りの朝鮮半島を長い間にわたって自分の領地にしちゃっていたんだ」とか、「頼まれもしないのに中国に出かけて行って戦争をしたんだ」というふうなことは、子どもは学校の先生に習う前に家でなんとなく聞いていて、頭のどこかになくちゃいけないんじゃないだろうか。夜、お父さんが酒を飲みながらでもそういう話をして、それを子どもが聞くともなく聞いているとか、ですね。

最近、いろんな不幸な事件が起きていることから世間でよく言われるようになった「家庭で道徳教育をすべきだ」という話とは、これは違うんです。そういう文脈の話とは全然違った意味で、〝健全な主権者・市民になるための教育が学校において初めて始まるんじゃない〟ということの意味を、もっと大事に考える必要があると思うのです。

憲法にとっての教育

次の項目にうつります。「私自身の場合を手がかりに考える」とおこがましいことを書いておきましたが、これは私自身が教育をする側の一端にいる者として、憲法とか民主主義を教えるということの意味――最初に申しましたような――を考えたい、ということです。

私たちが副小隊長でなくなった時期には、とにかくすべてが新鮮で、すべてが目からうろこが落ちるようなことでした。しかし五〇年たったいま、憲法とか民主主義を一つのドクトリンとして教えるということでは済まない状況になってきています。

しかしいまの大学生は本当に何にも関心がないのかというと、そんなことはないんですね。ついこの間、私がいま勤めている大学のゼミで何かのきっかけで沖縄の憲法問題が議論になったときに、ある女子学生が、その場にはいない別の男の学生とこういう議論をしたんです、という話をしてくれました。彼女の友人の男子学生は「アメリカ軍が沖縄にいることが、沖縄の人びとにとって耐えられないいろんなことがらを起こしている。それをなんとかするためなら、自分は自衛隊にはいって沖縄に行ってもいい。沖縄の人たちを助けてやりたい」と言った、というわけです。

私は「それは非常に大事な、いい問題だね」と言いつつ、「しかし沖縄の人にとっては、アメリカ軍よりももっと来てほしくないのが日本の軍隊なんだ。それだけの深刻なことがあったんだよ」と言って、こういう話をしたんです。現在の話はともかくとして、一九四五年六月二三日前後の沖縄では、誤解を恐れずに言えばアメリカ軍の方が解放軍だった。つまりアメリカ軍は、白いもの——といってももう黒ずんでしまったおしめとか、そういうものを掲げて出てきた住民は保護した。ほかならぬ日本軍が集団自決を強要し、防空壕の中で赤ちゃんが泣くと敵に知られて火炎放射を浴びるからというので、赤ちゃんを殺させた。ほかならぬ日本軍がまさにそうだったんだということから、日本現代史のなかで憲法がもっている意味について議論することができたのです。

そのときは私が沖縄における日本軍の所行なんていうことをしゃべったわけではなくて、逆に彼らの議論がきっかけになってそういうことをしゃべる機会を得たということになりましょうか。彼らは決して、爬虫類みたいにいくら水をかけても感じないような無関心・無感動じゃないのですよね。

考えてみれば五〇年前の日本のできごとは、いまの若者にとっては、私が少年のころ日清戦争の話を聞いていたのと同じような距離感があるわけでしょう。その学生が自分なりに解釈して「アメリカ軍がいることによる災厄を和らげるために、自分が徴兵されて行ってもいい」という、これは非常に貴重な発想だと思うんですよ。そういう感受性を、手ぐすね引いて待っている勢力に掬い取らせない、せめてそれがわれわれの責任だということを、あらためて感じました。

改憲問題と憲法第九条の二つの意味

とりわけここ数年、正面からの形での改憲問題が、いままでとは違った様相を呈してきていますね。戦後、改憲問題の中心がずっと第九条であったことは皆さんご承知のとおりですし、それは現在でもそうですが、その第九条の問題自身に二つの意味がダブルに重なっていたということは、護憲の側にも必ずしも充分意識されてこなかったのじゃないでしょうか。

第九条は、戦争をしない、軍隊をもたないということですから、そのこと自体は国家の外交とか戦争というポリシーにかかわることですね。直接には外向きなことです。そしてそれが長い間、一方でアメリカ合衆国、他方でソ連を中心とする社会主義国という世界規模の対抗関係の中で、非常にシリアスな意味をもってきました。ですからそれが何よりも意識されていたことは当然のことですし、意識されないと困る。いままでは「うっかりするととんでもない戦争に巻き込まれるぞ。ひどい目に遭うぞ。おれはそんなのはごめんだ。だから第九条を」といっていた。そういう感覚は非常に大事だったと思うんですよ。それはそのとおりなのですが、そこだけで切れていたんじゃないか。そこだけで切れていたから、アメリカと〝悪の帝国〟のロシアが仲良くなっちゃうと、もう第九条はどうでもいいじゃないかと考える人たちが出てきたわけでしょう。

私は、第九条というのは、戦後日本の社会が民主主義社会へ再出発するにあたって国内民主主義のためにも不可欠のものだった、という認識が非常に必要だったと思うのです。というのは、戦前の日本は神としての天皇がいました。天皇主権と国家神道です。それから天皇の軍隊、皇軍です。この三位一体を解きほぐすことが戦後日本の民主主義そのものだったわけですね。だから憲法は「主権者天皇」から「象徴天皇」へ、「国家神道」から「政教分離」へ、そして天皇の軍隊である皇軍の解体を決め、これは軍隊そのものの否定まで徹底しました。そのことによって初めて日本の国内における民主主義が可能になったわけです。

民主主義の定義はいろいろありますけれども、いま民主主義を否定する支配者というのは世界で絶無――ではないかもしれませんが、ほとんどいないでしょう。サダム・フセインという人だって民主主義を唱えるし、実際に国民投票をしたら九〇％が支持しているでしょう。ヒットラーだって、かつて外国に侵略するときは国民投票をやりました。オーストリアを併合して自分の領土にしてしまうときにも国民投票をやって九〇％の支持を獲得して、そのことによって国内の批判を抑え、国外に対するエクスキューズをするわけですね。ですから「民主主義」という言葉だけでは安心できない。民主主義のエッセンスをひとことで言えば批判の自由でしょう。民主主義のいちばん肝腎な点は、議論の自由、批判の自由ですね。

第九条の存在にもかかわらず、少なくとも予算規模で言うと世界で何番目かという、紛うことない軍隊を日本は抱えています。世界で何番目に強いかはわかりません。世界で四番目に強いと言われていたサダム・フセインの軍隊があんなに簡単にやられちゃったわけですから、それはわかりませんが、予算規模とか装備の水準から言えば明らかに世界のトップ・グループに入る軍隊を、日本は現にもっています。

そういう意味で、「第九条の空洞化」を言う人びとに私は賛成なんですが、しかし、空洞化を強調するともっと大事な点が見えなくなります。戦後日本の民主主義にとって何より大事な批判の自由。それはいま再び怪しくなってきていますけれども。八・一五以前の日本はすべて軍事優先でした。社会の価値体系として軍事がすべてに優先していたはずです。副小隊長という話はまさにその象徴的な表現ですよね。軍事優先の価値体系が社会の公のあり方になっていました。

さっき言った意味でこれほど第九条が空洞化しているのに、その第九条をさらに取っ払うことが必要だと改憲派の人たちは考えている。それはなぜかというと、まさにそこなんですね。国内の批判の自由の拠点としての第九条。軍事価値を序列の最優先に置く社会のあり方の拒否。それが第九条のもう一つの、そして何より大事な意味です。ひとことで言えば「自由と人権の基礎としての第九条」ということですね。

保守党の政治家のなかでもたとえば後藤田さんは、戦時体験を大事にしなくちゃいけないという立場から、ことあるごとに「蟻の一穴」ということをおっしゃっています。「あのじいさん、また昔のことを言ってる。あれは昔の話で、いまは民主主義・自由主義の時代だ。あれは年寄りの取り越し苦労だ」というのがむしろ若手の政治家の一般的な反応のようですが、私は、国内の、日本社会そのものの民主主義を支える条件が第九条だという後藤田さんの認識は、非常に大事な点だと思います。そういう意味でこそ、第九条は改憲論の焦点になっているわけです。

改憲論への視点

最後にもう一つだけつけ加えておきたいのですが、大新聞のやっている世論調査等を見ますと、確かに改憲論の方にマルをつける人びとがだんだん増えてきていますね。これはある意味では当り前のことだと思います。抽象的・一般的に「日本国憲法に、どこか変えた方がいいところがあると思いますか」と聞けば、おそらくこの会場でも半分以上が改憲派になるんじゃないでしょうか。

改憲論に対する是非というのは、われわれ一人ひとりにとっての理想の憲法像を論ずるサロンでの議論では決してないんですね。それぞれの理想の憲法像からみると〝日本国憲法のここが気にいらない〟ということがあるにしても、そういう話ではなくて、「現在の国内および国際的な政治状況のもとで、特定の人びとが特定の意図をもってやろうとしている仕事に賛成するのか・しないのか」ということであるはずです。

ですから、世論調査の仕方に問題があるということはもちろんですが、その世論調査の読み方についても、本当の読み方を、各人が責任をもてる読み方を引き出す必要があるし、それはますます強まっていると思います。そうでないと、「憲法のどこかを手直しした方がいいと思う」という善意の回答が四〇％、五〇％、六〇％というふうになってくると、〝どんな改憲なのか〟ということを離れてパーセンテージだけが一人歩きします。

かつての政治改革、いまの行政改革、平行して進んでいる大学改革、そして憲法改革という形でいたずらに流されていかないためには、そういうものの見方が必要じゃないかと痛感しております。

人間の生死と日の丸・君が代問題……山住正己

【解説】

山住正己氏（一九三一－二〇〇三年）は、明治の唱歌教育成立時の国家統制から研究を始めた教育学者で、『日本教育小史』（岩波新書）は日本近現代史の重要な一側面を知る大切な本である。氏は、一九七二年から東京都立大学の教師となり、人文学部長から最後には総長に選ばれた。家永教科書裁判では、戦前・戦後の教科書の問題について二度、証言に立ったが、日の丸・君が代問題他、市民運動にも長年かかわった。「未来をひらく教育」七五号（一九八九年冬）は、「日の丸・君が代」の特集を組んでおり、今日においても貴重な内容の論稿が収録されているが、本論文はその冒頭に掲載されたものである。

日本の多くの国民が「Xデーがいつ来るのか」と心を傾け、政府主導の「自粛」が全国に広がる中で書かれた。死の床についている昭和天皇はどんな思いでいるのだろうか、自分の意思を伝えることができるのか。一方、新築した息子の家に引っ越してくることを断った七六歳の母親の言葉や滝川老人がいつも身につけていた胸飾りに書かれた遺言（私は自然死を望む。単に肉体の延命のみを目的とするいかなる医療行為をも、私に施す事を、私は拒否する）などを紹介している。庶民の心情に常に関心を寄せていた氏は、自粛ムードに抗し、日本国憲法を持ち出して唐津くんちを実施した瀬戸理一さん（ガダルカナルで一八〇人の部下をなくした元陸軍中尉）や、一九二一年に当時皇太子であった天皇が沖縄に来たときの面白いエピソードを伝える「沖縄タイムス」記者の気骨などを紹介する。

最後に、私たちが日の丸・君が代の歴史や戦後教育改革の理念を次の世代の教師に伝えていく責任があることを、「朝日歌壇」に掲載された女教師の短歌を紹介しながら訴えている。私たちは、憲法裁判・教育裁判としても進行している「日の丸・君が代」問題の真実を若い世代に伝えていかなければならない。

（立川秀円）

人間の生き方を考える

この二ヶ月ほど、いたるところで天皇をめぐる多種多様な問題が、さまざまな角度から論じられている。今朝の新聞（八八年一一月二七日付『毎日新聞』）によると、宮内庁の前田健治総務課長は、天皇の病状について、前日とほぼ同じ傾眠傾向がつづいていると語ったとのことだが、これにつづいてこう書かれていた。――「別の宮内庁筋によると、侍医や看護婦が大きな声で呼びかけても、陛下のお答えがない時もあり、意識が薄らぐご様子もみられるという」

一人の人間がこのような状態になり、死が近づいたことを知ると、今年読んだ小説のなかで強い感銘を受けた中野孝次氏の「胸飾り」（『文藝』一九八七年秋季号）を思い出す。そこには、筆者自身と思われる還暦を迎えた男が碁会所で出会った、ひとまわり以上年長の老人と、ある夜、居酒屋で話しあったときの様子が書かれている。

話題は当然、老い、隠居、死に及ぶ。衰えたと自覚するや、さっと隠居して若い者にあとをまかせる隠居制度については、人間としての品格と結びつけて語られており、興味ふかい。天皇についても隠居はあってもいいのではないかと思ったりする。つづいて老人は、今日多くの人にとって切実なことを語る。私が天皇の病状からすぐに思いだしたのは、この老人の言葉なのである。

「……うかうかしていると今は、当人にその気はなくても、結果的にぶざまに生かされてしまうことになりかねませんからね。現代医療は延命技術ばかりやたらと発達させてしまいましたから。意識を失って、もはや人格すら人間でなくなったままただ肉体ばかり生き延びさせられるなんて、考えただけでもゾッとしますよ。あたしはそれだけはお断りしようと手を打ってはあるんですが」

「手を打ってある」とは何事かと思うが、そのなかみは、さらに数ページ読みすすまないとわからない。そこにいたるまでに、八四歳で亡くなった主人公の母親についての回想が書かれる。その母は七六歳のとき、息子から、家を新築したので引っ越してこないかと言われたとき、にべもないという感じで、こう言い放ったという。――「いやですよ。知合いも友達もいないこんなところへ越して来たって、なにが楽しいものか。あたしは人の世話になるのも、人に指図されるのも、人のやり方に合わせるのも、そういうことが大嫌いだから、お前たちの世話になる気もありません。田舎でひとりで好き勝手にしているのが、あたしには一番ですよ」

同じ年ごろの老人をもつ人であれば、これは何とみごとな発言であるか、と感嘆するにちがいない。一人一人がこのように身心ともに自立した老人になってほしいと願う人は多い。高齢化社会を迎えた今日、これは重要な教育の課題であり、生涯学習の課題である。

この母親は、入院なんて絶対いやだ、自室で自然に死にたいといっていたのだが、最後の段階で入院させられ、点滴や酸素吸入を受ける。やせ細った腕は青あざだらけだが、看護婦さんは針を刺す場所をむりやり探して刺そうとする（天皇の場合もそうであるにちがいないと思う）。老母はそれを拒否しようとして腕を動かそうとする（天皇は医師と看護婦の言うがままにしているのだろうか、と思う。しかしその様子を国民全体に向けて正確に伝えてくれる人はいないのではないか。別に伝えてもらう必要もないが)。

こういう病院生活がつづくなかで、息子はついに、強制的な肉体の延命は母の意志に反する、むごくて見ていられない、自然に死なせてほしいと医師に頼む。医師も決断する。ずっとついていた看護婦さんが枕許で泣きむせぶという場面もあった。息子は、安楽死を望んだのであり、このことについて、しばらく悩む。

この話をじっと聞いていた老人は、実は自分はいつもこういうものを身につけているのだと言って襟元をくつろげ、金色の四角の胸飾りをはずし、ハンケチで拭い「……じじいの肌身につけてるもので気持悪いでしょうが、まあごらんください」と、言う。なんと、そこには「遺言」と題してつぎのような文字が刻み込まれていたのである。

「私は自然死を望む。故に、私の意識が失われ、意識回復の可能性なしと判断された時は単に肉体の延命のみを目的とするいかなる医療行為をも、私に施す事を、私は拒否する。これは私の意志であり、何者によっても変更を許されない。　滝川修治」

「手を打ってある」というのは、このことだったのである。これはすごい文章だと思い、先を読みすすむのを中断して何度か読み返してみた。心をしずめ作品にもどると、これを手にした主人公もやはり何度も読み返した、とある。そうだろうと私は思う。そして「一見穏和に見える滝川がこれほど強い宣言をしていることに、行三(注、作者自身であろうと思われる主人公の名)は驚き、心のどこかが慄えるのを覚えた」と書かれていた。

天皇には、こういう胸飾りを誰かに作ってもらう自由はなかったろうし、自分に対する治療を自分の意志で左右する自由もないのであろう。こういうことを、どう考えればよいのか。あれほど手厚い治療を受けることはできないとしても、肉体的延命の治療は程度のちがいだけで、誰に対しても行うことはできる。

滝川老人は、行三から胸飾り（ペンダントといった方が、いまや、わかりやすいかもしれぬが）を受けとった後、「……人間ぬきの現代医療にたいする、せめてもの抗議ですからな、ハハハ」と言って笑い、さらに、「……女房や子供や友人に、ありがとうよ、と一言言ってあの世へいければというのが、あたしの一番の願いですよ、ハハハ」というように笑ったとのことである。

天皇は、近親者が見舞いに来ても、まともな反応ができないほど弱っているのに、肉体延命のための医療を受けているのであろう（それは間違いないことだと思うが直接知ることができないので、「あろう」と書く他はない）。「女房」が天皇を見舞いに行ったということは、管見のかぎり、この二カ月、一度もなかったのではないか。「女房」は「女房」で、これまた肉体延命のための医療を受けているのではないか。「子供」がたびたび見舞いに行っていることはテレビでも放映されるが、それは車が走っている光景によって、そうかと思うだけである。その「子供」たちは病床の横でどんなことを話しかけ、どんな感慨をもって帰宅するのか、医師たちには何も要望しないのだろうか。「胸飾り」を読めば、どう感じ、今度なんらかの判断を下すときの参考にするであろうか、などと、おそらくありえないことを考えてみたりしてみた。

滝川老人は、「女房や子供や友人……」と言っている。さて、では天皇に「友人」はいるのだろうか。ましてや、「ありがとうよ」と心から言える「友人」はいないのではないか。これは気の毒なことだ。こんなさびしい思いで、死の床についているのがかわいそうだというのは、人間としてごく自然の感情ではないかと思う。

「自粛」の動きに抗する

行三は、滝川老人の死去をしばらくたってから知り、「ありがとうよ」と感謝と別れの言葉を言ったかどうかを気にしながら、こういう思いにふける。——「中世人は死期の近づいたのを覚悟すると、坊さんを呼び、同時に家の大戸を開いて、親戚、友人、知己、隣人らすべてに死の床をとり囲まれ、かれらの一人ひとりに今生の別れを告げて死ぬ習慣だったという」

中世人のすべてがこうであったとは、とても言えない。しかし家庭の経済状態からいってとてもできないとしても心がまえとして、こういうことを心がけていたというのは、中世の人々には共通であったのかもしれない。作者はそのことを言いたかったのであろう。こういう小説を読むと、人間の生き方、とくに老年を迎えてからの生き方について、よほどしっかりした考えをもつようにしないといけないことを考えさせられる。天皇の場合、すでに「ありがとうよ」とも口に出せぬほど衰弱がひどいようであり、ましてや、日本が侵略したアジア諸国の人々に対し、「心からお詫びを申しあげる」という一言を口にすることはできないであろう。自分の意志や感情を表現できないばかりか、それらを持てなくなった天皇の様子が伝えられてからというもの、日本社会には「自粛」が急速にひろがっていった。

その日本社会には、「自粛」を当然として受け入れる人だけがいるのではない。これをめぐる議論も、方々で行なわれている。そのことを三一文字に歌いあげた人もいる。そこには、状況と問題が凝集された形で歌われている。

祭り自粛の可否をめぐりて集会の末席に居て多数派に挙手

これは「朝日歌壇」（『朝日新聞』一一月五日）に島田修二氏が第一首として選んだ歌である（他の三人の選者はこれを入選としていない）。島田氏は「評」でつぎのように書いている。「現代人の行動には、主義や思想が二者択一の形で反映することが少なくないが、こと文芸に関しては、思想そのものを問うのではなくて、行動に至る思いの深さ、繊細さの表出こそが決め手になろう。第一首、『多数派』が可否いずれかわからないが、ここでは論議を尽くした安心と、大勢順応への後めたさが微妙に揺れている」

私は、この歌と選評の両者を繰り返し読んでみたが、納得しかねるところが多い。選者は、「行動に至る思いの深さ、繊細さの表出」を決め手としている。いきなり第一首そのものを評するのではなく、比較的長い前書きをそえたのは、この歌を第一首として選んだ理由をはっきりさせようとしたからであると思う。

しかし、この歌からは、選者の言う「思いの深さ、繊細さ」は、読む側の感受性が鈍いからなのか、とても伝わってこないというもどかしさがある。さらに、この歌からは「議論を尽くした」という様子もまた、私には、とても伝わってこない。わずかに伝わってくるのは「大勢順応への後めたさが微妙に揺れている」ということだが、微妙さが、もうひとつ物足らない。しかし．「自粛」の問題をめぐって、いま歌をつくろうとすると、こういう歌をつくる他はないというのが、多くの人たちの心情なのではないかとも思う。

しかし、前述の『胸飾り』に登場する二人の老人が、もし今日このとき歌をつくるとすれば、もっと率直に自分の気持ちを歌いあげたのではないだろうか。それができるのは、むろん、この二人の老人だけではない。同じ新聞の「ひと」欄には、「列島総自粛ムードの中　唐津くんちを実施した」という瀬戸理一さんのことが、祭りのときのにこにこした写真とともに紹介されていた。

唐津くんちというのは、私は残念ながら見たことがないが、佐賀県唐津で三日間にわたって繰りひろげられる勇壮・華麗な曳山《ひきやま》の行列で知られる祭りである。瀬戸さんは唐津曳山取締会の総取締で六九歳。第二次大戦下には陸軍大尉で、ガダルカナルで一八〇人の部下を失った人だという。彼は日本国憲法を持ち出して周囲の人たちを説得して、唐津くんちを実施したというのだから、りっぱである。

瀬戸さんは祭りの打合せの会合のたびに、自粛ムードの広がりに対し「先の大戦で大きな犠牲を払って勝ち取った新憲法が、これでは泣いてしまう。何も右へならえすることはない。唐津は唐津の行き方を示そう」と訴えつづけたというのである。祭りを中止しては、ガダルカナルで犠牲となった部下たちに顔向けできないという気がしたというのは、日本国憲法の下でその精神をそのまま表したことに他ならない。

驚くべきことに、というより今日の日本社会では予想されることだといった方が正確だろうが、瀬戸さんの家には、深夜、「非国民」呼ばわりする電話がつづいたという。彼がいつも家にいるわけにはいかない。その間の事情について、「嫁が、電話の相手に、今は主権在民の世の中なんですよ、と憲法の説明をちゃんとしているんですよ。うれしかったですね」と語っている。佐賀へ行くことがあれば、このように喜んでいる瀬戸さんとお嫁さんにお目にかかり、話しあいたいものだと思った。

この記事を読んだ日、前日（一一月四日）の『沖縄タイムズ』が届き、「茶のみ話」欄に渡久山勇氏の書いた「陛下とイモ食と車ひき」と題する文章に、まず目が向いた。いま病床にある天皇が沖縄へ初めて「御成り」になったのは一九二一年三月六日のことである。渡久山氏は一九二一年と書き、新聞社はそれを元号に改めなかったのであろう、ということまで気づき、その姿勢をよしと思う。

三月六日、当時は皇太子であったいまの天皇は沖縄本島に上陸、軽便鉄道（いまはない）で那覇駅へ行き、そこから人力車で県庁へ向かったのだが、その人力車の車夫を選び、当日までの調査や訓練は大変なものだったらしい。引く車夫が一人、後押しをする者が二人選ばれたのだが、当日とその前後のことを渡久山氏はつぎのように書いており、私はこれを読んで思わず吹きだすとともに、当時の沖縄の事情を推測し胸が傷んだ。

「沖縄の庶民は三食ともイモ食が多く、おならが多いので、途中でおならなど出して失礼になっては申し訳がないと、合宿では米食、食事にも細心の注意を払った。礼儀作法、服装の着こなし方まで念には念を入れて指導された。……」

当局が車ひきのおならまで心配した日から二四年たって、沖縄本島は戦場になった。軍隊では上官の命令は天皇の命令であると心得よとされていたあの当時、多くの県民が戦場で犠牲になった。しかも戦後になって天皇はアメリカに対し、沖縄の早期返還を求めないという発言を行った。

その沖縄でも九月末日には、沖縄のカーニバルのイベントや那覇まつりのとりやめが決定した。しかしこういう動きに対し、いまあげた『沖縄タイムズ』は冷静に、しかも素早く対応しており、一〇月二日付の社説「時代の変わり目に思う」で、「自粛」についての竹下首相の「政府がやれといったのではない」という発言に対し、外相や蔵相の海外出張とりやめ、首相自身の辻立ち演説とりやめなどをあげ、天皇の病状中心に動きだしたのは、まず政府であったと指摘している。

そのうえで民間の「自粛」について、心から出たものであれば言うことはないとしながら、「ある種の恐怖感が背後にあってのことだとすると問題だといわざるをえません。／幸い、今は法で一つの権威にひれ伏すことを強制されない時代です。自分で自分の首を締める大勢順応の波にのみこまれない意思と見識を持つべきです」と結んでいた。これはしっかりした見識のあらわれだと思う。

「日の丸」「君が代」の歴史を教えること

この稿では「日の丸」「君が代」の問題を書くことになっていたのだが、Xデーを前にして、どうしても筆はその問題に向かってしまう。しかし「日の丸」「君が代」も、Xデーから次の天皇の即位にいたるまでに政府筋によって展開されるであろう諸行事をはじめ、さまざまな政策・行政などと関係があることは明らかである。

ここで、もう一度「朝日歌壇」から歌を引いておきたい。一〇月一五日には、

「君が代」の鳴る校庭に直《ひた》に立つ児童四百余兵となるなかれ　（兵庫県）青田綾子

が、近藤芳美・馬場あき子の二人の選者によって選ばれていた。作者は、校門から校庭の様子を垣間見た母親かもしれないが、たぶん「君が代」に反発しながら、それの演奏をやめさせることのできなかった女教師であろう。同じ立場にあり、同じ思いをこめて子どもを見つめ、子どもの教育にあたっている教師は多いにちがいない。

つづいて一一月一二日には、近藤芳美氏が、

「君が代」の君は日本と教われどこの歌の歴史変えられもせず　（秋田市）柏谷市子

を第一首にあげ、つぎのような選評を書いていた。――「『君が代』の『君』とは日本のことと教えられる。しかし、たとえそうであろうと、この歌と共に経て来た歴史は変えられるはずはない。第一首の作者は戦前と、かつての戦争とを知らぬ若いひとりなのか。みずからの内に問おうとする思いが重い調べともなっている」

この作者が、選者のいうように若者であるとすれば、重い問題を歌った歌だが、私は嬉しい。多くの若者が「君が代」の歴史を知らないまま、「君が代」を歌わせようとする者の意図にはめこまれようとしているからである。「君が代」と「日の丸」の歴史はどうしても若い者に伝えていく必要があると思い、私は『日の丸・君が代問題とは何か』（大月書店）という一冊の本を書いたのである。

突然、話がそれるが、右の柏谷氏の歌を書きうつして、ひょいと左を見たら、何と、青田綾子氏の

歌が第三首にのっていた。こういう歌である。

　戦後教育を担い来し君も去り分校に厳しき冬がまた来る

　青田氏はやはり教師であった。おそらく兵庫県の北部、山中の分校に勤務しておられるのであろう。たしかに方々で戦後教育を担ってきた者が、つぎつぎに教壇を去って行く。そのとき戦後教育改革のめざしていたこと、四〇余年の間に蓄積されてきた研究と実践の成果を、つぎの世代の教師に伝えていく必要がある。

　教壇を去る者には、それらを伝える責任が、また後から来た世代には、それらをいっそう豊かにとらえ発展させていく責任があると思う。

教科書裁判三二年と日本文化を語る……家永三郎

聞き手　浅羽晴二・田中祐児・斉藤規

【解説】

このインタビューの記事は、機関紙「未来をひらく教育」一一二号（特集、家永教科書裁判三二年）に収録。また家永三郎集第一四巻にも収録されている。このインタビューは、家永教科書裁判が一九九七年八月二九日に終結してから半年後、一九九八年二月その総括が進むなか、家永宅で行なわれたものである。

家永三郎氏は一九一三年生まれ、二〇〇二年一一月二九日八九歳の生涯を終えた。専攻は古代、中世、近現代の歴史学、日本政治思想史、日本文化史と多岐にわたる。著書は多く、その主なものは、家永三郎集一六巻（岩波書店）に収録されている。その第一六巻には、自伝と共に家永三郎著作目録が収められている。その中には教科書裁判に関する著書、論文、評論も入っているが、三二年に及ぶ教科書裁判の膨大な資料は、都市大学・東京（旧都立大学）、和光大学で保管され、すでに資料一覧リストが作られている。

特に特筆しておきたいのは、戦前の国定教科書による画一教育を体験した家永三郎氏が、無作為の戦争責任を自覚し、次代に歴史の真実を継承するために、単独で一九五二年、高校の『新日本史』を執筆した事である。これが国家・文部省の検定によって修正を余儀なくされ、一九六五年、表現の自由、学問の自由など基本的人権を守るために、国家を相手どって教科書検定違憲訴訟を起こすことになる。三二年に及ぶこのたたかいは、家永氏の学問研究の実践であり、抵抗権（憲法一二条）に基づく家永氏の個性的、主体的な憲法擁護のたたかいであった。その普遍的たたかいは、世界の各国から注目を集めた。その裁判で、勝ち取った適用違憲判決の「杉本判決」（第二次訴訟　東京地裁判決　一九七〇年七月一七日）について、家永氏は「内容自体は非常に貴重な精神的文化遺産として、永久に残るもだと思います」と語っている。機関紙に掲載されたインタビューの記事を改めて読み直すと、そこには、一貫して変わらぬ思想家家永三郎氏の面目躍如たるものがある。

（浅羽晴二）

憲法理念と不作為の戦争責任

■　三二年間の教科書裁判は、憲法裁判としての意味も非常に大きかったと思うんです。先生が教科書裁判を起こされた動機のなかには、憲法に対する強い危機感があったのではないかと推測するのですが、いかがでしょうか。

家永　おっしゃるとおり、この裁判は単に教科書検定を弾劾するだけではなくて、その基本軸には憲法的な姿勢があります。だから、最後にかろうじて勝ちとった「大野判決」では問題が残るのです。それは〝学説状況に反する書き直しを検定が強要したことは違法である〟という論理なのですが、私としては、権力が学説状況や教育内容に介入すること自体を憲法違反と思っていましたから。

「杉本判決」はまさに憲法理念の線で勝ちとった成果です。ところが、以後、裁判所の姿勢はどんどん悪くなり、結局「杉本判決」だけが孤立して残り、それも上告審で「訴えの利益がなくなる」という法技術的判断で差し戻しになって消えました。

そのもう一つ奥には、私自身の戦争に対する責任の意識があったのです。私は戦争に便乗したつもりも、迎合した覚えもありません。しかし結局、あの惨禍を食い止めるために自分がやったことが何もない。そういう不作為の戦争責任みたいなものを痛感していました。

敗戦と同時にいわゆる「革新派」につながる人たちが占領軍の指導下で一斉に「民主主

義」を唱えだして、マスコミも一八〇度の転換をしたでしょう。私はそういう器用な真似はできなかったのですね。なにか戦争中の聖戦賛歌の裏返しのような気持ちがしたものですから、その時点では私はむしろ消極的だったのです。

しかしいよいよ「逆コース」と言われる動きが始まり憲法改悪の動きも出てくる。それから積極的な発言や社会的な活動もするようになりました。ですから私は、敗戦でひっくり返ったというのとちょっと違うのです。

ちょうどそのころに教科書を書き始めて、その検定があまりにひどく、更に、いままで検定を通っていたところまでが修正意見で書き直しを要求される。これは大変なことになると思いまして、一九六三年と六四年の二度の検定を違憲として、第一次訴訟を起こしたわけです。

■

家永　先生が日本国憲法に対して強く意識されたのはいつごろからですか。

「逆コース」が反面教師でした。政府が憲法調査会を設置し、憲法改正の準備作業を始めたものですから、それに対抗して、大内兵衛先生たちによって憲法問題研究会が始まったのです。当時、憲法問題研究会には、政府側が我妻先生や宮沢先生を憲法調査会の会長にするのではないかと心配して、こっち側にきてもらう狙いもあったようです。私は招かれてその会にも入ったので、憲法には特別な思い入れがあったわけです。

「杉本判決」の歴史的意義

■　一〇ある教科書裁判の判決のなかで、民主主義の視点から見て、あらためて「杉本判決」の今日的な意義についてお話をいただけますか。

家永　「杉本判決」は結局、最高裁の上告審で「訴えの利益がない」ということで差し戻しになり、その差戻審で「訴えの利益がない」という判決が出たものです。これ以上窓口論争でエネルギーを消費するよりは、第三次訴訟に全力を傾注しようということで、結局私が敗訴して、「杉本判決」も取り消しになりました。しかしながら、「杉本判決」の内容自体は非常に貴重な精神的文化遺産として、永久に残るものだと思います。

「杉本判決」の焦点は、「現代国家の理念とするところは、人間の価値は本来多様であり、また多様であるべきであって、国家は人間の内面的価値に中立であり、個人の内面に干渉し価値判断を下すことをしない、すなわち国家の権能には限りがあり人間のすべてを統制することはできない、とするにあるのであって、福祉国家もその本質は右の国家理念をふまえたうえで、それを実質的に十全ならしめるための措置を講ずべきことであるから、国家は教育のような人間の内面的価値にかかわる精神活動については、できるだけその自由を尊重してこれに介入するを避け」という一節です。非常に格調の高い、哲学的な理論です。特に前半はじつに見事ですね。おもしろいことに、これが最高裁にまである程度引き継がれているのです。

もう一カ所、「憲法二六条は……法律によりさえすればどのような教育内容への介入をしてもよい、とするものではなく、また、教育の外的な事項については、一般の政治と同様に代議制を通じて実現されてしかるべきものであるが、教育の内的事項については、すでに述べたようなその特質からすると、一般の政治とは別個の側面をもつというべきであるから、一般の政治のように政党政治を背景とした多数決によって決せられることに本来的にしたしまず」とありますね。これは見逃すことのできないことです。

戦前の教育内容は完全に文部省が掌握して、国定教科書で教育をしてきたわけで、それが一五年戦争の悲惨なカタストロフィを招き入れる導因の一つになりました。朝日歌壇に投ぜられた、「国定の教科書に殺されし幾千万　自国の民衆《たみ》もアジアの民衆《たみ》も」という三木原千加さんの和歌は、その悲惨さをズバリと示しています。実にわかりやすい、学問的な論証は何も必要ないくらい明白なことで、これは戦前世代の私は身にしみて感じているところなのです。

教育については一般の政治のような多数決によってはならないのです。戦前は多数決どころじゃなくて、帝国議会の権限外にあって、すべて命令で決められていたわけですね。それがいま日本国憲法のもとで「法律による」とされ、学校教育法第二一条によって、小学校の教育では文部省の著作または文部大臣の検定を経た教科書が使われなければならない、ということになって、それが高等学校にも準用されています。だけど「検定」という言葉の定義も、その手続きの規定もない。学習指導要領も、最初は単に教師のための参考文献として出されたにすぎないものだったのが、あたかも法的拘束力があり、法規であるかのような形をとって、検定基準はそれを丸呑みにしている。結局、戦前の命令主義と同じ結果になっています。ここを断ち切らなければいけない、という思いがあったのです。

だから本当は検定制度自体を憲法違反とすべきだったのですが、「杉本判決」でさえ「制度違憲」は言っていないのですね。だけど、とにかく適用違憲だと言い、事実上制度違憲を言ったも同様だ、と私は評価しているのです。

そういう意味で「大野判決」は非常に違います。しかし「鈴木判決」と「可部判決」と、全面敗訴が第一次訴訟で相次ぎましたので、そのまま終わったのでは後味が悪いという思いがありました。とにかく検定内容に違法性があるということを最高裁で認めたということには、画期的な意味があると思いますね。

それに、高裁で違法とされたところ三カ所も確定、「大野判決」で一ヶ所が追加されて四カ所の違法。こんな検定をやっていていいのか、という疑惑を巻き起こしただけでも大きな意義があると思います。ことに日本の教科書制度を注目していた諸外国では、七〇紙ぐらいの新聞に、「大野判決」のことが大きく報道されたことはかつてなかったことです。

■ そういう点では「大野判決」は「大野判決」なりの違った影響があったと想いますね。一方、「杉本判決」は退けられましたけれども、後の最高裁の「学テ判決」の中にかなり生きていますね。

家永 そうなんです。一九七六年の「旭川学テ判決」には非常に巧妙な妥協があって、どっちにもとれるようなところがあります。そのなかに「杉本判決」の精神が大幅に取り入れられている。ことに憲法二六条が子どもの学習権を保障する規定だということ、これはこの「旭川学テ判決」で最高裁が初めて言ったことですね。

それから「政党政治のもとで多数決原理によってされる国政上の意志決定は、さまざまな政治的要因によって左右されるものであるから、本来、人間の内面的価値に関する文化的な営みとして、党派的な政治的観念や利害によって支配されるべきでない教育に、そのような政治的影響が深く入り込む危険があることを考えるときは、教育内容に対する右のごとき国家的介入についてはは、できるだけ抑制的であることが要請される」というのも、「杉本判決」が最高裁にまで取り入れられているということを示しています。

■引き継がれる教科書裁判

家永　あの「大野判決」で三二年がいちおう終結しました。この段階で家永先生がぜひ今後も継承してがんばってほしい、という課題がありましたら。

おもしろいことに、最近弁護団討議資料の中に批判的な意見もあるんですね。検定問題を広く世間に広めたというメリットはあるけれども、裁判所を説得するだけのために三二年もの永い時間がかかったことには自己批判する必要がある、という。また、家永訴訟は「大艦巨砲主義」とも言われている。つまり第一流の証人を並べて、教科書検定の内容についての微に入り細をうがった学問的な証言を大勢の方がたにお願いした。こういう「大艦巨砲主義」

は今後は継承できないのではないか、高嶋訴訟のような形で、もっと圧縮しなければいけないのではないか、という意見もでたのです。

今後は、「杉本判決」の基本精神が受け継がれて、検定制度が廃止へ。少なくともいまのような強権的なものでなくなること、これをぜひ、次の世代の方がたが達成してほしいと思います。現に、「高嶋訴訟」のような教科書裁判がまだ続いているわけですから。大切なことは、学校教育を国家権力の政策の手段にしてはならない、ということです。

日本の伝統文化と「抵抗」の思想

■ 先生は『太平洋戦争』という本のなかで、「抵抗」についてお書きになっていますね。それは教科書裁判と重なる部分があるのでしょうか。また、私たちが伝統とか文化を考えるとき、どのような視点があるとお考えでしょうか。

家永　近代だけに限って言いましても、日本にはいくつか下からの民主主義の波がありました。最初の自由民権運動は教科書訴訟よりもっと短い期間で、一〇年以内に鎮圧されてしまって、あとは大日本帝国憲法と教育勅語体制が天下り的にできあがってしまう。しかし、そのなかでも大正デモクラシーの運動が起こった。それは明治憲法の枠のなかでの政党政治の実現というあたりが狙いだったと思いますけど、しかしこれも確かに下からの運動でした。

私は幸いにも一九二〇年代の初めに小学校の教育を受けましたので、大正デモクラシーの余韻が残っている当時の、しかも東京の山の手の、いわばいちばん先進地帯で教育を受けましたので、それは非常にはっきり感じられました。

日本国憲法のなかにも、自由と権利は国民の不断の努力によって守らなければならない、ということが書いてあります。国民の努力というのは、根本においては抵抗権を基にしたもので、ヨーロッパの近代思想史でははっきりしていると思います。抵抗権抜きの人権の保障というのはあり得ないのです。私は戦争中は戦争の惨禍を食い止めるために役立つことは何もできませんでしたが、せめて日本国憲法のもとで、憲法を無視した政治に対してなんらかの抵抗をしたいと思い、いちばん私のパーソナリティに合った場所として法廷という場所を選びとったわけです。

■

家永　抵抗ということでは先生のご本のなかに、植木枝盛とか田岡嶺雲とか、内村鑑三とか正木ひろしとかが出てきますね。そのような先生の思いと先生のご研究の対象は、ずいぶん重なる部分があるんじゃないですか。

ええ、明治憲法のもとでも美濃部達吉のような、実質的にそれを掘り崩すような憲法学を築いた方もいられますし、前近代に遡れば、孤立した思想家ですけれども安藤昌益のような人もいます。布川さんなどの研究によると、農民一揆というのは下からの一種の民主主義運動だったと言われています。

私の専門で言えば、一三世紀の鎌倉新仏教のなかにもそれがあるのです。これは第三次訴訟の焦点の一つになっていますけど、親鸞の『教行信証』のなかに、「出家の人の法は国王に向かいて礼拝せず」というのがあり、道元の『正法眼蔵』にも禅の心得として、「帝王にまみえず、丞相に親近《しんごん》ならず、官員に親近ならず」という、反権力的な姿勢があるのです。それはさらに遡って最澄（伝教大師）にもあったのではないかと思います。そういう意味で、日本の民主主義というのは決して西欧からの単なる借り物ではなくて、根深いところでは途切れ途切れですが、その基盤があるわけです。

私がそのことをいちばん印象強く感じたのは、東大のポポロ劇団事件の第一審判決でした。非常に高い調子で、〝官憲の違法な行為を黙視していたのでは自由と権利は守れない。だからたとえ一時の感情の激発で粗暴な行為に流れたとしても、この正当な抵抗は合法である〟として、無罪を言い渡しています。

■ いま文部省が「国際化」というかけ声とあわせて、日本人としての自覚とか伝統文化ということを強調していますが、先生は、先ほどの抵抗権の思想と関連して、どういうふうにお考えでしょうか。

家永　日本人の自覚という点から言えば、日米安保体制は最も日本人としての自覚に欠けたもので、極端に言えば、日本はかつての「満洲国」みたいなものになり下がっていると思いますよ。米軍との関係でいえば、自衛隊は完全に、かつての「満洲国軍」と同じですよ。そこから目をそらして「日本人の自覚」なんて叫んでみても空しい、という気がしますね。

■ 日本の伝統文化ということは、教育の現場でもよく言われるんですよ。実際に日本の伝統文化の中身をどういうふうに考えたらいいのか、という点をお伺いしたいんですが。

家永　私は日本文化というのは内容が非常に豊かで、優れたものがあると思います。元はたいてい大陸からきたものですが、それを日本人の生活に合ったように消化しているという点で、日本の伝統というものができていると思います。たとえば神道についても、理論的な神道思想などは、中世に仏教や道教などの理論を取り入れてでっちあげたもので、もとは農村の共同体の農耕儀礼だったものです。一定の場所を斎場として、そこで神を招いて祭りを行なう。神社という建物に神がいつも鎮座しているというようなのは、むしろ新しい形なのですね。

国家神道は明治国家がつくりあげた新しい産物にすぎません。特に南朝の忠臣を祀る湊川神社とか四条畷神社とか藤島神社とか、あれは全部明治にできたもので、そのいちばん好ましくない象徴が靖国神社です。そこには韓国の「暴徒」（朝鮮では「義兵」と呼ばれている）の運動を鎮圧したときに戦死した人たちも祭神に含まれていますし、戦後東条英機など戦争犯罪人もひそかに祭神に加えているわけですから。そういうところへお参りに行くというのは、日本国憲法の精神から言えばとんでもないことです。

戦後首相になった「果洋経済新報」の石橋湛山が、敗戦直後に、靖国神社を廃止せよという論説を書いています。靖国神社だけは陸軍省の管轄で、一種の軍事施設だったのでした。遊就館というのがあって、戦利品が陳列してある。あのとき廃止しておけば、その後の一切のいきさつは起こらなかったと思うんですけれども。

■　いま、憲法第九条が非常に危機的な状況にあります。その中で自由主義史観の勢力からの教科書攻撃が起こり、「新しい歴史教科書をつくる会」が現れ、更に『公民』の教科書もつくるといっています。

家永　私は自衛隊も日米安保条約も憲法違反だと今でも思っています。かつてははっきりと米軍駐留は憲法違反だという「伊達判決」が出ています。長沼ナイキ基地訴訟では、自衛隊は違憲という「福島判決」が出ている。これも「杉本判決」と同じように、みんな上でつぶされましたけど、私はいまだに「伊達判決」や「福島判決」は正しいと思っています。そういう意味で私は、教科書訴訟が憲法擁護運動の一つの支えになっていると思っているのです。

自由主義史観については内容的に問題にならないんですよね。ただ、それをどういう人たちが操っているかということに重大な危機があるんですけれども。

また、現場の先生や親御さんたちがこうした「教科書」を採らないようにしてもらう。もし上の教育委員会で採用されても、現場の先生の教え方によってそれをひっくり返して見せることもできるはずですから。前に出た右翼的な『新編日本史』も、結局つぶれたわけでしょう。藤岡氏のように以前の考えを一八〇度転換するような人の言っていることなんて、あんまり信用できません。学問的には「南京大虐殺まぼろし」論と同じで、正面から相手にするのもばかばかしいと思いますが、政治的な力が背後にあるということは見落としてはいけないでしょうね。

■

家永　若者たち自身が戦争責任という課題をどうとらえ、これからの国際社会に生きる日本人としての自覚を持つべきなのか、ヒントをいただきたいのですが。

戦争体験をもたない世代に戦争の恐ろしさを実感してみろといっても無理な注文です。それはやはり勉強して、追体験してもらうほかないでしょうね。

戦後世代に戦争責任があるのかないのか、これも非常に難しい問題です。しかし日本人として、たとえば南京へ行って、「南京大虐殺を知らなかった」、また、七三一部隊のあったハルビンへ行って、「自分は戦後生まれだから知らなかった」ということで済ませられるか。中国の人たちは博物館などで日本軍の残虐行為を陳列して知っています。「自分は戦後生まれの日本人だから、そんなことは自分の責任じゃない」と言えるか言えないか、そのあたりで戦後世代の戦争責任のあり方が決まってくるのではないか、と私は思いますね。これ、理屈の問題じゃないですよ。

――長時間にわたって、ありがとうございました。

「パール・ハーバー、ヒロシマ、世界秩序」……………………………………関寛治

【解説】

この講演は、機関誌「未来をひらく教育」一〇二号に収録。一九九五年七月三〇日の全民研第二六回大会（茨城）での記念講演である。

関寛治氏は、一九二七年生まれ（一九九七年没）、立命館大学教授、平和学、国際政治学を専攻し、一九七三年、日本平和学会を設立し、初代会長に就任。編著書に『国際政治学を学ぶ』（有斐閣）『平和学のすすめ』（法律文化社）『地球化時代の日米関係』（日本評論社）などがある。学術会議の平和問題研究連絡委員会の幹事として報告書「平和に関する研究の促進について――平和学の歴史、現状及び課題」（一九九四年）の作成に参加している。

この講演は、戦後五〇年にあたって、パール・ハーバーとヒロシマの歴史解釈をめぐる日米間の争点を深め、「従来の歴史解釈の批判的再構成」（レジュメ）を試み、冷戦秩序におけるパール・ハーバーとヒロシマの持つ意味、そしてポスト冷戦の国際政治のあり方を論じたものである。このなかで「戦後民主主義は空想的平和主義ではなくて、ポスト・ウェストファリアであり、それはポスト冷戦以後に展開される世界秩序を、非常に短期間ではあったけれども先取りしたものだった」との指摘は興味深いものであった。また、ポスト・ウェストファリアのネットワークをどうつくるか、「各国の国民が相互に交流し合って、対話して、国際政治をつくりあげている原理自体を見直す」ことを提起されたのも注目される。

その後のアメリカでは、ブッシュ政権のもとで、二〇〇一年の九・一一テロ事件に対するアフガニスタン戦争、二〇〇三年のイラク戦争が強行された。しかし、国連を無視した一国覇権主義は破綻し、オバマ大統領のもとで、単独行動主義からの転換がはかられている。「核兵器のない世界」の実現をめざす潮流がますます大きくなり、新しい世界秩序への流れはアジアでも南北アメリカ大陸でも広がっている。平和研究と平和教育の新たな展開が求められていると言えよう。

（沖村民雄）

パブリック・ヒストリー

私は、テーマに「パール・ハーバー、ヒロシマ、世界秩序」と三つ並べました。この三つの結びつきという形で、歴史解釈に関する現在最大の問題に入ることができるのではないかと思っております。

現在、アメリカのパブリック・ヒストリーは原爆をヒロシマに落としたこと自体を、アメリカが戦争に勝利した歴史の締めくくりと見ています。日本の場合は逆で、原爆は日本が敗戦に終わるきっかけの明白な象徴であると同時に、ヒロシマのもっている意味を深く反省することによって、戦後の世界秩序に対する全面的な批判が出てくる。それが戦後五〇年の間にだんだん定着してきたと言えると思います。

具体的な例を挙げますと、戦後五〇年に向けてアメリカのスミソニアンで、単にエノラ・ゲイを展示するだけでなく、ヒロシマが体験した原爆の悲惨さをも合わせて展示することが、広島市と館長の間に成立していました。ところがアメリカの議会までからんで、ヒロシマの悲惨さを一緒に並べて展示することに対する非常に激しい反対が起こった。それは〝原爆を落としたのは、戦争に勝利するために絶対必要な前提条件であった〟という軍人たちの意向を非常に強く反映しているわけです。これがアメリカのパブリック・ヒストリーです。

日本でもパブリック・ヒストリーの解釈が非常に違ってきています。〝戦後民主主義というのは空想的平和主義であった〟という主張を書いている書物が、非常に多くなってきています。最近では猪木正道氏の『軍国日本の興亡』というのが中公新書で出ております。その本の序文の中には〝戦後民主主義は明らかに空想的平和主義であり、それは戦前の軍国主義がまったく無知で一国中心であったことの裏返しで、双生児である〟というようなひどいことまで書いてあります。猪木氏は日露戦争を礼讃し、〝日露戦争以後、軍人が勝手に日本を引きずっていってしまったからおかしくなったが、それまでの軍事中心の考え方はたいへん結構だ。ところが戦後民主主義は、軍事中心の考え方を全部いけないとしている。これは非常におかしい〟と言って、パール・ハーバーにいたる日本の軍事的な歴史を、日露戦争で分けているわけです。その上で、〝アメリカやイギリスと協力してさえいれば日本の軍国主義は問題がなかった。アメリカやイギリスと対抗してしまったために、特に満洲の問題をもとにしてパール・ハーバーまでいってしまった〟という。ここには戦後の秩序をめぐる深い分析はないのです。彼は「戦後民主主義は空想的平和主義だ」と言っておりますが、彼の見解は非常に古典的な現実主義で、空想的現実主義である、と私は思います。

ヨーロッパの国際政治は一六四八年のウェストファリア・システムから起こっています。ウェストファリア・システムというのは、主権の概念を一国ごとに確立して多数の主権をつくったわけです。そのシステムの中では、戦争を繰り返すことは一つのノーマルな状態だと考えていたわけです。そういう思考方法が日本の外務省のなかに依然として極めて強く残っています。

たとえば、核拡散防止のNPT体制。これに対する批判を日本の外務省はできないのです。日本自身が冷戦中、核の傘によって守られてきており、冷戦後も依然として核抑止力なるものが存在しているると基本的に信じているからです。だから日本の外務省は、核兵器の使用は違法であるということを国際司法裁判所に提出できない。

最初に申しましたように、スミソニアンで、エノラ・ゲイと核兵器の悲惨さを並べて議論するという態度をとっていたハーウィット航空宇宙博物館長は結局、五月の初めに辞任に追いやられたわけです。五月の上院の公聴会でも、原爆投下機の機長であった退役空軍少将のチャールズ・スィーニーは、ヒロシマ・ナガサキへの原爆投下が五〇万から一〇〇万人のアメリカ兵の生命を救ったのであり、トルーマンの決定は、戦争を早急に終わらせるためには「他の一切の選択を排する道徳的で不可避の義務だった」と証言しています。しかし、原爆を落とす政策決定の過程を調べていくと、単純にトルーマンの決定というわけでもない。それらを少なくとも事実として明らかにして論争しようではないかというのが、アメリカの批判的歴史家の立場であります。

日本でも、アメリカのパブリック・ヒストリーと似たような議論が展開されていますね。〝日本がアジアに侵略したなんていうが、あんなことはイギリスもやっていたしアメリカもやっていた。なにも日本だけが悪いのではない〟という言い方で開き直る。こういう議論を、日本の権威ある総合雑誌が書き、新聞も書く。どうも猪木正道流史観が外務省史観として定着しているのではないか。したがって政府が変わっても、その外務省中心でつくられた史観と外務省の政策に抵抗するのは非常に難しい、ということが言えます。日本の戦後の外交は、戦後秩序を担ってきたアメリカのやるとおり、それに従ってやるという傾向があります。

冷戦秩序の中のパール・ハーバーとヒロシマ

戦後、アメリカが日本に民主化政策をとった極めて短かい期間がありました。その期間だけが戦後民主主義として考えられる。この短い期間を私は、脱ウェストファリアの期間だったと考えています。つまり、主権国家がすべて軍事力をもち、そして戦争をするのは主権国家の権利であるという世界秩序から脱却した期間であった、と。

しかしアメリカのほうは、核兵器を落として戦争に勝利したわけですから、ウェストファリア的な特徴をより強化した世界秩序をつくったわけです。そういう意味では戦後の日本とアメリカは、著しくねじれた世界政治の秩序を日米関係でつくり出し、そのねじれ現象のなかで、アメリカの世界秩序における支配体制が冷戦の秩序へと移っていくわけです。

その冷戦秩序のなかに、じつはパール・ハーバーとヒロシマが、生きいきと、鏡のように映されているのです。なぜパール・ハーバーになったのか。パール・ハーバーは、ウエストファリア・システムの特性からみると著しく合理性をもっていたと言えます。日露戦争のときも日本は宣戦布告より前に始めているわけで、パール・ハーバーを奇襲したのはその伝統に従ったわけです。日本の軍部にとっては、アメリカの太平洋艦隊を一部でも潰しておけば、少なくとも短期的には日本が相対的に有利な立場に立てるし、その間に日本は、石油資源を東南アジアで確保でき、戦争の継続ができるという、短期的にみれば極めて合理的な話です。

しかし、より長期的に見れば話は非常に違ってきます。アメリカは日本本土全体に対する上陸作戦をやればたいへんな数の死者が出るだろう、と当時は思ったかもしれません。しかし、そのときはすでに日本の降伏が迫っており、同時にルーズベルトは原子爆弾を完成する前に、スターリンに「早く参戦してくれ」と頼んでいたわけです。

しかし核兵器ができ、これを使うという段階にきて、状況が突如としてアメリカ側に有利に変わります。そうすると原爆投下の理由が変わってくるわけです。

当時、原爆開発の責任者だったグローブス将軍は、二〇億ドルのカネで全責任を負っていたわけです。つくった核兵器は実際に使って威力を示さなければどうしようもない、という官僚的な責任感にとらわれていたわけです。トルーマンは四月に大統領になったばかりで何も知らない。グローブスあたりから聞いて初めて知るわけです。

つまりヒロシマに原爆を投下することの理由自体が、初期の「リメンバー・パール・ハーバー」という単純な報復的感覚から、やがて戦闘における米軍の死傷者を少なくするという計算になり、戦後にアメリカ中心の世界秩序をつくる、特にソ連が力をもつのを防ぐ、というふうに変わっていったということが言えます。

しかし日本はまさに敗戦し、そういう秩序から離れた、脱ウェストファリア的な性格が、戦後民主主義のなかには一時あったわけですね。ところがアメリカは逆にウェストファリア性を強化して日本を占領しているわけですから、初期の民主化政策を捨てて、日本の戦後民主主義のなかにある平和的なイデオロギーはなんとしても根こそぎにして、アメリカ側の冷戦戦略に揃える必要がある。この揃える必要を担って出てくるものが、戦後の歴史を再解釈する動きの中にあるわけです。

「ポスト冷戦」と日本の外交政策

ところがその後、本当に冷戦が終わってポスト冷戦がやってきたわけです。しかし、〝戦後民主主義における平和主義は空想的平和主義である〟というふうに日本の世論の主流が特徴づけられてしまったために、戦争と平和の問題についての、新しい世界秩序を創造する思想がまったく生み出されないわけです。

それに比べてアメリカでは、少数派のなかに、新しい、極めて柔軟な歴史解釈の仕方が醗酵してきています。アメリカの歴史学者・国際政治学者のなかで、歴史の解釈についての根本的な議論が非常に盛んになってきておりますし、ポスト冷戦をつくり出す面でも具体的な行動がなされています。たとえば〝ポスト冷戦というけれども、アジアの朝鮮半島はなんらポスト冷戦ではないではないか〟という議論があります。アメリカは公式には非常に強硬な態度で北朝鮮と交渉する。その動きのなかで日本では、自民党を最初に倒した細川政権・羽田政権も、朝鮮制裁論で沸きたち、それは外務省によって全面的に支援されていました。なぜなら、アメリカの公式の動きに従うというのが基本的な日本の外国政策ですから。だいたいアメリカの外交政策が変わって二年ぐらいたつと日本の外交政策が変わる。それはポスト冷戦になっても変わりません。

このときカーター元大統領は北朝鮮に飛んで、死ぬ前の金日成と会って話し合いをつけた。これは驚くべきことです。これでポスト冷戦の少なくとも窓だけは開けられたわけで、後はまたガタガタしても方向だけははっきりしてきます。

明治維新以後日本はアジアを侵略し、朝鮮全体を植民地にしたわけですね。ところが日本の最近の歴史家のなかには、「日本は朝鮮に対していいことをしたんだ。朝鮮の近代化を助けた」というふうなことまで言う人がいます。「日本は朝鮮を侵略してはいない。あれは合法的だったんだ」と言って辞任する閣僚がいる。そういう動きが日本には依然として続いているわけです。

しかし戦後の朝鮮問題の大きな特徴は、それがアメリカの冷戦政策の枠のなかにはめ込まれてしまったことです。戦前の日本の朝鮮に対する植民地政策が、戦後は別の形でアメリカとの関係で展開された。しかしそこに非常に共通な面がある。日本は戦前「朝鮮は日本の生命線。ライフラインである」と言ったが、戦後アメリカは、もっと地球規模の新しい地政学の見地から朝鮮を、アメリカの安全保障と世界秩序維持にとっての橋頭堡（ブリッジ・ヘッド）とみなしたわけです。これは生命線という概念と同じです。この橋頭堡という概念が、七〇年代、カーターの時代に変わろうとして軍部に押しつぶされたんですね。カーター氏は大統領を辞めた後に「世界平和の行脚」をあちこちでやっておりますが、そこには、いまの右翼のパブリック・ヒストリーとは違うアメリカの内部の新しい思想があると言えます。

新しい潮流

日米間でもそういう関係が、六〇年代、非常にマイノリティではあるけれども存在してきたことは事実です。学問としては平和学（ピース・スタディーズ）とのつながりで、非常に少数ですけれども新しい日米関係を築いてきたわけです。

具体的に言えば、一九九二年には、立命館大学で、学術会議共催で世界の平和学会の大会を初めて日本でやりました。そのとき、カーター元大統領の秘書でアメリカの平和学のケネス・ボールディングさんのお弟子さんが密かに京都に来ていたのです。だれも気づかなかった。彼らは北朝鮮からの帰りで、そのときに密かに持っていたのがカーター大統領に対する招請状だったのです。招請状はあっても、九二年から九四年までそれは実現できませんでした。クリントン政権になってから七ヶ月後に実現したわけです。

ちょうどその中間の九三年に、カーター氏は富山県に来て「いまや日本海の時代が始まる」という演説をしています。つまり、戦後、アメリカ中心の世界秩序が形成され、日本はその中に入れられてきたために太平洋一軸型の発展になり、日本海側は完全に遮断されていた。それが冷戦時代の特徴だったわけです。ポスト冷戦でやっとこさっとこ朝鮮の問題が新たな脚光を浴び始めているけれども、まだ片がついていない状況です。

ですからカーター氏が訪朝したということは、細川政権であろうと羽田政権であろうと非常に大きなショックだったわけです。だから私は、このとき初めて自社連立政権がカーター・ショックによってできあがったと思いました。

そういうことを言っている人が、ほかにもいるんですね。おもしろいことに江藤淳がそうです。カーターはけしからん、と言っています。一方、「カーター・ショックによって自社連立政権ができた。カーターはよくやった」と、私と同じ意見をお持ちになったのが私の先生であった丸山眞男です。たまたま、ついこの間入院して手術したとき、隣りの部屋に丸山眞男がいたのですが、その点で完全に一致しました（笑い）。しかし社会党の首脳部はそうだと思っていない。だから自社連立政権ができるというショックは受けたけれどもショックに対応するだけの日本外交の新しい展開ができない。

私は、戦後民主主義は空想的平和主義ではなくて、ポスト・ウエストファリアであり、それはポスト冷戦以後に展開される世界秩序を、非常に短期間ではあったけれども先取りしたものだった、と見ております。そういう意味で、去年ノーベル文学賞を大江健三郎がとったということは非常に大きな意味をもっていると思います。これは、世界がポスト冷戦とポスト・ウエストファリアとを結びつける方向に動き始めたことの、大きな証拠だと思っています。

核戦略と反核運動

「パール・ハーバーとヒロシマ」の影はじつは、冷戦時代にアメリカの核戦略のなかにずっと生き残っていたんです。パール・ハーバーというのは〝先制攻撃をやることによって有利な地位を獲得する〟ということですね。しかしこれは裏側の話です。彼らは世界の世論を納得させるためにもう一つの核抑止論を掲げています。それが核抑止論の基礎になっている相互確証破壊理論というものです。つまり〝ひとたび核兵器を発射すれば相手も発射してこっちもやられるから、相互に抑止力が働いて核戦争は起こらない〟という理論です。

冷戦時代は、実際に核戦争をやるとすればアメリカとソ連だけだったわけですね。そこで彼らの間では、冷戦再開時にものすごい大論争が起こりました。ＭＡＤ－ＮＵＴＳ論争です。ＭＡＤというのは相互確証破壊戦略。ＮＵＴＳというのは実際に核兵器を利用する政策です。そういうことから、核先制攻撃主張者に対する批判が出てきます。核先制攻撃論者は、核抑止ということを本当は信用していないのです。核抑止があれば先制攻撃をする必要はないのですから。一般には核抑止論で説得して、日本人もみんなそれを信じてきたわけです。ところが八〇年代の初期、冷戦が再開しますと、普通の国民も騙されているということに気がついてくるわけです。

そして八〇年代の初めに、ヨーロッパを中心にして反核運動が世界的に高揚しました。始まったのはもちろんヒロシマからですが、ヒロシマのほうがむしろ取り残されてヨーロッパ全体で反核運動が高揚して、これは東ヨーロッパにも浸透しました。

七〇年代後半から八〇年代のあの冷戦再開時期に日本で、まずローマ法王に長崎からスピーチをしてもらったわけです。カトリック教はもともと、正義の戦争はやってもいい、不正義の戦争はしてはいけない、という考え方です。ローマ法王は長崎から「核兵器を使う戦争はいかなる理由があろうと正義の戦争にはならない」ということを世界に向かって言ったわけです。そして「核抑止政策は〝いざとなれば核兵器を使う〟という形で構成されているから、核兵器使用の未遂罪に近い。こういう体制も早急にやめなければならない」という主張をしたわけです。

八五年にゴルバチョフが登場してペレストロイカになります。そこに影響を与えたのがパルメ委員会です。パルメ委員会は核時代には安全保障というのは米ソ一体化しているという意味の、共通の安全保障という概念を打ち出します。これがブレーンを通して非常に強くゴルバチョフに影響していきます。また、有名なガルトゥングという平和学者はロシアに何回も行ってそういうレクチュアをやっています。これらの動きにゴルバチョフのブレーンが非常に早く対応したわけです。やがて、MAD－NUTS論争に終止符が打たれるわけですね。

とは言っても、米ソの間だけで終止符を打たせただけであって、ポスト冷戦に移ってからも、核抑止力に対する一種の信仰が依然として残っていますし、中国やフランスが核実験をやるという形で、ときどきほころびが出てきます。日本では、ヨーロッパがポスト冷戦になってなんとなく世界全体がポスト冷戦になったように言われますけれども、じつはまだ片がついていないわけです。日本海時代というものをまだつくり出していないのですから。

ポスト・ウェストファリア・ネットワーク

ではポスト・ウェストファリアというものをどう理解するか。これは私はオーソドックスな国際政治理論そのものの中から探り出すことができると思います。オーソドックスな国際政治理論というのは〝国際政治は主権国家の集まりから成っている。主権国家というのは戦争と平和を繰り返すのが当り前である〟という考え方です。国連ができて、これには相当制限が加わり、構造が変わってきている面もありますが、しかし国連も主権国家の集まりという意味ではウェストファリア的性格を非常に強く残しています。

その重要な特徴は、国家の内と外とを区別するということです。近代化が進み市民社会が成熟してくると、国家の政策は内についてはいろんな点で少しずつ改善されてきます。日本の戦後民主主義の場合は、そのなかで労働運動とか下からの政治参加が非常に進みました。だから経済の成長だって可能になった。民衆が政治に参加してきて、それによって底辺の生活水準が向上する基本的な足場ができ、それが日本の高度成長を許した、というふうに見ていいと思います。

そこで、国際関係の主体は国家であるという、極めて強力な伝統的な理論に対して、〝いや、国家だけが主体ではない〟というものが出てきて、最近は〝一人ひとりが主体だ〟という理論が出てきていますが、現実に大きな力をもってきたのは企業です。多国籍企業が主体になり、日本の企業も国境を越えて、世界中を彼らの企業の活動場所としているわけです。その部分が非常に拡がってくると、ウェストファリア的な性格に対する制約が起こってきます。多国籍企業中心の世界は、企業レヴェルですから、外と内との区別はより薄くなってきます。国内でもたらされた富を外にも持っていくという形が、ある程度成立する。ここに大論争があるわけです。依然としてマーケット・エコノミーが一方で貧しさをつくり出し、他方で富をつくり出して両極分解していく、という第三世界論があり、その中間的な議論として、マーケット・エコノミーが拡大することで貧しかった部分が引き上げられるという議論が出てきます。これが特にアジア・太平洋を中心にして展開されたのがＮＩＥＳ論だと思います。

なぜアジア・太平洋でそういうことが展開されたのか。これはやはり、戦後民主主義における日本がその拠点になったからだと言わざるをえません。NIES諸国はある程度その影響を受けた、ということです。ところが、日本の経済成長によって全体がよくなったということも、マーケット・エコノミーの成功という形でしかとらえられていない。日本の戦後民主主義が生み出した隠れた側面を無視してNIESを議論するというのは、非常に大きな限界があると思います。

そういう意味で「パール・ハーバー、ヒロシマ、世界秩序」は、冷戦期までの世界秩序を説明するために非常に重要な歴史解釈の拠点になるわけです。パール・ハーバー以前のところには、明治維新からパール・ハーバーにいたるまでの日本の歴史が凝縮しています。そしてヒロシマ。これは、戦後のアメリカの核戦略と日本の戦後民主主義とのつながりの面を見る、新しい歴史解釈を可能にします。この二つの歴史解釈をどこでつなぐのか。われわれはここで、新しい見方を考えなければいけないと思うわけです。

そういうことを考えるにあたって極めて重要なのは、ポスト・ウェストファリアのネットワークということだろうと思います。つまり、歴史的な国家の集まりとしての国際政治、そのなかで辺境部が押しやられて犠牲になるという国際政治の過去の歴史と、多国籍企業が主体になって世界中に拡大していって富を拡散するけれども、マーケット・エコノミーが一面的に展開されるという状況に対して、それとは違う新しいネットワークをどういうふうにつくるのかという問題です。

いままでの国際交流は、十分な対話の世界をつくりだしてこなかったわけですね。国際会議といっても政府間の国際会議か、少なくとも政府が主導権をとった国際会議が非常に多かった。それがいま日本でも崩れてきています。NGOを中心にして、民間の国際交流が著しく盛んになっています。

　ポスト冷戦によって世界全体が新しい世界秩序をつくらなければならないにもかかわらず、それがまだできていない。ポスト冷戦でいちばん最初に起こったのが例の湾岸戦争でした。国連を中心にして、巨大な軍隊を、国際的な協力軍をつくって湾岸戦争をやって、それを契機にしてＰＫＯ問題とかＰＫＦ問題が出てきたわけですね。

　しかしいま、国連自体が大きな壁にぶつかっています。安保理事会はウェストファリア的な性格を非常に強く残しています。日本の外務省は、安保理事会の常任理事国になりさえすれば日本外交は大成功と考えていました。これが基本的に間違いだったとわかったのは、去年の安保理事会でした。第二次大戦前の日本の侵略という現実があるんですから、それへの反省がないかぎり、アジア諸国が警戒的になるのは当たり前のことだろうと思います。

　第二次大戦が終了して五〇年、戦争と平和の問題が、ポスト冷戦後もなお大きな意味をもち続けています。したがって、冷戦が終わったから戦争と平和の問題はもうどっかへ行ってしまったかのように考えるのではなくて、各国の国民が相互に交流し合って、対話して、国際政治をつくりあげている原理自体を見直し、いままで〝国際政治とはこういうものだ〟と考えられてきたものを乗り越えて議論しなければならない。そういう時期にきていると思います。

アジアを見つめる開発教育……………………………………………………松井やより

【解説】

この講演は、機関誌「未来をひらく教育」八六号に収録。一九九一年水上大会（第二二回大会）にての講演である。

松井やより氏は、一九三四年生四月一二日生まれ。現在は、にぎやかでファショナブルな東京渋谷「公園通り」にある東京山手教会で育つ。そこは、父平山照次牧師の意向もあり、平和運動の拠点にも使われてきた。青山学院中・高等部を経て、東京外語大学英米語学科を卒業する。青山学院高等部時代は、世界史の授業が面白くて、広い世界に生きたいと希望に燃えて勉強に励む。一時期、肺結核で闘病生活を経験する。大学時代は、砂川闘争、一九六〇年六月一五日の国会を取り囲むデモにも参加。また、ミネソタ大学とソルボンヌ大学に留学した。そこで、人種差別を見、米国の民主主義の限界を、人権侵害を見、フランスの人権思想の限界を感じた。日本へ帰国する際、アジア、アフリカを旅する。そこで、先進資本主義国に様々な価値を収奪されてきたアジア・アフリカの歴史と現実を見る。

一九六一年大学卒業後、朝日新聞社に入社、社会部記者として、アジアの女性を強制的に軍隊慰安婦にさせた我が国が、過剰に富裕した社会を維持するために、アジアの民衆の貧困にもかかわらず、食糧を買いあさり、外国人労働者を金の力で日本に吸いよせ、日本商品で支配し、貧困の中で体を売る女性を食い物にしていることを、取材し告発していく。冷戦終了後、いち早く新自由主義経済体制を憂い、南北問題に力を入れる開発教育に関心をもった。著書に『女性解放とは何か』（未来社）、『女たちのアジア』（岩波新書）、『女たちがつくるアジア』（岩波新書）、『愛と怒り闘う勇気』（岩波書店）などがある。二〇〇二年、アフガニスタン滞在中に体調不良、闘病生活の中、帰天。名前の「やより」は「耶依」と書く。

（山﨑裕康）

開発教育との出会い

今年で三〇年も朝日新聞記者をやっております。

一九八一年から八五年まで四年近く、シンガポールにありますアジア総局の特派員として仕事をしておりました。私は男性の特派員とは違って、民衆レヴェルの実情を知りたいと思いまして、なるべくたくさんのアジアの国ぐにを回って草の根の人たちのことを取材しました。行って見ると、人びとの貧困の問題、人権の抑圧の問題、伝統的な差別の問題、いろいろな問題の深刻さが想像以上で、ショックの日々でした。もう一つ大きなショックを受けたのは、そういうアジアの国ぐにで、ヨーロッパ、オーストラリア、カナダ、アメリカなど西側の国の、非常に若い人たち、女性たちが、ワーカーとしていろいろな形の草の根の援助活動をしている姿を見たことでした。

いちばん民衆レヴェルの援助活動に目を開かれたのは、一九八二年にカンボジアに行ったときでした。プノンペンのホテルが二つだけ修理されていて、そこに外国人がいましたが、ほとんど全部が西側の民間団体（NGO）の援助ワーカーでした。

そのなかに一人の日本人もいなかったということが、非常にショックでした。一人も日本人がいないのはなぜかという問いから、私は開発教育に関心をもつようになったわけです。人口わずか三〇〇万のアイルランドとか、人口八〇〇万のスウェーデンという遠い国から、若い人たちが、しかも女性もどんどん来て援助活動をしている。なぜだろう。その背景を知りたいというのが、私のNG

Oや開発教育にたいする関心の始まりでした。

ところが日本はどうか。日本は政府の援助はたくさん出しています。日本はODA（Official Development Assistance, 政府開発援助）を一九八九年の段階では一三〇ヵ国近く——三分の二がアジアですが——にたいして行って、アメリカを追い抜いてトップになりました。ところが、民間の援助はとても少ないという状況です。

政府の援助はほとんどトップに近く、民間レヴェル援助は、いま援助を出している国ぐにの中で最低です。民間レヴェルで一番たくさん出しているのは、北欧諸国とオランダです。いちばん進んでいると言われる北欧諸国では、民間レヴェルの援助の額は一人当たり一〇ドル以上です。日本はそれが〇・三ドル。三〇セントとか三五セントとか、そのぐらいです。官高民低。つまり日本がいかに封建的な、〝お上〟中心の第三世界との関わり方をしているかということが、こういうところにも現われていると思います。一般の人たちの意識の中にも「援助？　あれはお上のやることだ。政府のやることだ。自分とは関係ない」という意識がまだまだあるような気がします。

慈善から開発協力へ

八五年に日本に帰って来て、八六年に西欧七ヵ国を回りました。なぜそういう援助活動が行なわれるのかという問いを自分で調べようと思ったんです。

そこで私が非常に強い印象を受けたのは、第三世界の国ぐにでの援助活動と国内での開発教育とが二本の柱になっている、ということでした。ヨーロッパの考え方では、援助活動だけをするというのはまったく昔の話で、海外での援助活動と国内での開発教育活動とは切っても切れない二本の柱です。ＮＧＯも歴史的に考え方の変遷があるんですが、最初はやはり慈善として始まっています。気の毒な人をなんとかしなくちゃいけないという、キリスト教的なチャリティ思想ですね。

六〇年代になってかつて植民地だった国ぐにが独立して、その国ぐにが経済的に自分たちの国づくりをしていくにあたって国際的にサポートしようじゃないかというので、国連が第一次開発の一〇年(Development Decade)に設定しました。その考え方は経済成長指向でしたね。経済のパイを大きくすれば貧しい人たちのところにそれが及ぶのではないか、パイを大きくしよう、という理論だったのですが、その結果、貧富の差がどんどん開いてしまって、貧しい人たちはどんどん貧しくなってしまった。

七〇年代になりますと、もっと社会開発をやろう、そして、人間が生きていくために必要な、食べもの、飲み水、保健、教育、住まいというようなＢＨＮ(Basic Human Needs)をとにかく確保しよう、という考え方に変わってきます。そのなかでＮＧＯ、つまり民間の援助団体の役割が非常に大きくなっていきます。ＢＨＮを少しでも改善するような開発に協力するのがＮＧＯの役割じゃないかと、慈善から開発協力へと進んできています。

そうすると、どのような開発がいいのかということが大きな問題になってきます。そこに開発教育というものが出てくるわけです。六八年にスウェーデンのパルメ首相が「教育の国際化」を提唱したのが、後に「開発教育」と呼ばれるようになり、七〇年代、ヨーロッパ各地に広がっていったわけです。

最近は、開発援助よりも開発教育のほうが大切だという考えさえあって、開発教育を専門にしているＮＧＯがいくつもできています。つまり、先進国の中で援助をなくすためのことをしなくちゃいけない、そのためには国内での教育活動のほうがむしろ大切だ、というんですね。「開発教育とは何ですか」とズバリ聞いたら、いろんな答えが返ってきました。「社会の不公正の最たるものである南北問題について意識を高めて、行動を起こすようにさせること」と答えた人もいます。「最も抑圧されている人びとのためになり、人びとが参加する開発を実現するにはどうしたらいいか、不正や抑圧に対する無関心をどうしたら打ち破れるか、それが開発教育の課題だ」とか、いろんな答がありました。

自分のいる所を掘る

アメリカの人たちが、カナダとスウェーデンとオランダの開発教育を調べに行ったんですね。そのリポートで最初に言っているのは、Dig where you are. あなたがいるところを掘ることだ、というんです。つまり、開発教育の出発点は自分がいる場で何が起こっているかを知ることだ、自分の生活がどう第三世界の問題・南北問題につながっているかを知るのが出発点だ、というわけです。

日本の場合はアジアとの関係が非常に深いので、アジアを見つめるというとき、まず、どういうつながりがあるかということを知る必要があると思います。たとえば日本がいかに大きな経済力をもっているかということについても、国内の感覚と外から見た感覚とのズレがあまりにも大きいんですね。消費を見ても、いま日本人の胃袋に入るものの八割が外から入ってくると言われていますが、金額的に一番たくさん輸入しているのはエビです。日本は世界最大のエビの輸入国で、一人当たり三キロのエビを食べています。ちなみに、アメリカでは一人当たり一・二キロです。このエビの輸出がどのような環境破壊を引き起こしているか、どのような低賃金による搾取を引き起こしているか、児童労働を引き起こしているか、エビから見ただけでもたくさんのことが見えてきます。

アジアの国ぐにでは、海があるところはどこでもエビの問題が出てきています。かつてはインドの南のほうでエビがたくさんとれたのですが、いまはとり尽くしてしまって激減しています。天然のエビがなくなってきたものですから、養殖がすさまじい勢いで広がって、そのためにマングローブが切られるという問題が、タイでもインドネシアでもたいへん深刻な問題になっています。

あるとき、シャムスルという名前の十三歳の男の子が労災で片腕をなくしたという記事が、でかでかとシンガポールの新聞に載っていました。児童労働で労災、どういうことかと思ったのですが、その子が働いていた工場は、マレーシアの首都クアラルンプールの北のほうのテルク・インタンというところにあって、日本に輸出するためのエビを処理している工場です。その子はそこで大人のゴム手袋をはめて働いていて、ダブダブの手袋が砕氷機にはさまれて、片腕をなくしてしまったんです。

タイの経済成長と日本

今年の五月上旬に、私はタイの東北部の農村で開かれた「農業と環境」というセミナーに行きました。タイという国は熱帯林に覆われていて、木材輸出は外貨獲得のうえでコメの輸出に次ぐ重要な産業だったのですが、わずか二〇年間にタイの森林は半分以下に減りました。急速に減ってしまって、タイはいまや輸出国から輸入国に転じています。

　タイの東北部へ行ってみると想像を絶する破壊ぶりで、見渡すかぎり樹が一本もない禿山です。タイの政府は、外貨を獲得するために輸出用の換金作物をつくることを奨励したわけです。森を切り開いてトウモロコシなどを大量につくるプランテーションにしてしまった。機械を入れ、どんどん化学肥料や農薬を使うものですから、地力が低下して生産量はどんどん減るわけです。そうするともっと森を切り開く。そうやって輸出の量をふやすと国際的なマーケットの値段が下がっていく。さらに森を切る。農民がその悪循環の罠にかかってしまったわけです。

　タイというのは、開発教育でとりあげる国として非常におもしろいんですね。この国は、八〇年代の後半以来非常な高度経済成長をしています。バンコクおよびその周辺のものすごい経済発展には、日本がたいへん深くからんでいます。八〇年代後半はタイ・ブームと言われて、日本の企業が先を争ってタイに進出しました。八八年一年間だけで、それまでの二〇年間分の投資に相当するという巨額な投資を、日本の企業はしたわけです。いまやタイには一〇〇〇社ぐらいの日本企業があります。

　ですから〝タイは日本に食べられてしまう〟という歌が大ヒットしています。ガトゥーンというポピュラーなバンドが、「イープンユンピー」――日本語で言えば「ニッポン↓ポンニチ」というふうに、タイ語の「日本」を逆に言ったものですが――という歌が非常にヒットして、八〇万枚売れたといいます。そのジャケットは、タイの国の形をしたマグロのお刺身がお皿の上に載っていて、それをお箸でつまんでいる、つまり日本がタイを食べてしまうというマンガです。

　もう一つはＯＤＡ（政府開発援助）の問題です。日本の政府開発援助の四大供与国は、インドネシア・中国・タイ・フィリピンです。最近、少し順位が下がってきましたが、タイには巨額のODAを供与しています。その内容は八割以上がインフラ整備です。つまり、日本企業が進出するために必要な電力をつくるためのダムであったり、道路であったり。

いま、タイ政府は重化学工業化を非常に進めています。その目玉の開発地域が東部臨海開発地域です。日本がたいへん力を入れていまして、その地域だけで一五〇〇億円以上の日本のODAがつぎ込まれ、そこに日本の企業がどんどん進出しています。

つまり、先ほど言ったタイの投資ブームでバンコクの港がパンクしてしまったので、ここに新しい商業港をつくろうということで、コンテナー船がたくさん入るような港がもうできているんです。そして、そのすぐ近くにある漁村を追い立てようとしているんですね。漁業をやめさせるか、その村をどこかに立ち退かせることが必要だ、という勧告を出しているんです。そのために立ち退きの威しが進んでいるんですね。村の人たちは「私たちはここに生まれて、漁業で平和に暮らしてきた。絶対ここを動きたくない。大きな工業地帯ができたために、なんでわれわれがこういう目に遭わなきゃいけないのか」と、非常に怒っていました。日本の企業進出とかODAのお金は、そういう結果を引き起こしているわけです。

農村の貧困と児童買春

しかもそのタイの経済開発は、都市中心の、まったく不均等なものです。東北の農民たちはたいへんな借金苦に悩んでいます。たとえば、東北の農民が、先ほど言ったような農業の破壊、森林の破壊で食べられなくなって、借金を背負って、仕方なくバンコクに働きに出て、トゥクトゥクというオート三輪のような乗り物の運転手になります。賃金が安いから、夜中まで働かなくちゃいけない。眠くなると危ないから覚醒剤を飲みます。それで精神障害になって、ほとんど廃人になって村に帰ってきた、そういう夫を抱えた奥さんの話が載っています。

もう一つは児童買春です。これは北部が多いんです。去年の五月に、タイの北部の古都チェンマイで「児童買春と観光」という国際会議が開かれまして、私もそれに行きました。児童買春——「チャイルド・プロスティテューション」の「チャイルド」という意味は、少年と少女と両方なんですが——のレポートがありました。タイは少女が九割、少年が一割ぐらい、フィリピンは半々ぐらいと言われています。マニラからそう遠くない観光地では、二〇〇〇人の少年が外国人の観光客に性を売らされるという状況が起こっています。スリランカの場合は、九割が少年で一割が少女だと言われています。特にタイでは少女が売られるわけです。

タイはかつてはお米と木材が外貨獲得の手段だったのが、いまは観光収入がトップになっています。いま五〇〇万人の観光客が世界中から来ていて、九〇年代の終わりにはそれを一二〇〇万人にふやそうという、すさまじい観光政策をとっています。そういう観光客の目あては、非常にエレガントな、美しいタイの少女たちです。特に北部は美人が多いと言われて、北部の農村が供給地になっています。ところが、観光客の数が、つまり需要がどんどんふえて供給が追いつかない。

そこで起こっている悲劇が、少女たちの低年齢化です。一二、三歳の少女たちが〝ニュー・ガールズ〟として売られています。しかも、四、五歳ぐらいでちょっとしたお金を渡して予約するということまで起きています。買われた少女たちはバンコクである程度働いて、一四、五歳になると日本など海外に送られるといいます。

去年のチェンマイでの少女買春の会議の報告には、「Slaves of the modern world」（現代の奴隷）と書いてありますが、彼女たちは商品ですから、本当に現代の奴隷なんですね。私がシンガポールにいたころは親に払われる値段が五〇〇〇バーツから一万バーツだったのが、現在は三万バーツ——一五万ぐらいで——に上がっていると言われています。

アジアからの出稼ぎ労働者

ヨーロッパの開発教育のなかでも、第三世界からの移民とか出稼ぎの問題というのは非常に大きいんですね。自分の生活の場から第三世界とのつながりを考えよう、身近にいる第三世界の人びととの関係を考えていこうということが、開発教育が盛んになった大きなファクターですから。

経済的な法則によって周辺の国の人びとが日本に入ってくるようになったのは、日本の歴史始まって以来、八〇年代に入ってからのことです。最初に来たのがフィリピンの女性たち、最近ふえているのがタイの女性たちです。最初はもっぱら性産業に働く女性たちが中心だったのですが、八〇年代の半ばからは男性の出稼ぎ労働者がふえ、現在は男女の比はだいたい半々です。いろいろな推計からいって、男女合わせて二〇万から三〇万の出稼ぎ労働者がいま日本に来ていると言われています。

男性の場合は、入管法違反の形で入ってきている人、あるいは研修生という名ばかりの合法的なビザで入ってきている人が圧倒的に多く、まったく法的な保護の外にいて、いろいろな形の搾取、暴力、あらゆる目に遭っています。そういう人たちの問題は、もっともっと見えるようにしていかなきゃいけないんじゃないかと思います。

入管法違反で来ていても、あらゆる労働関係の法律は適用されることになっています。労災でも労基法でも。ところが、労災の被害に遭った場合にそれを申し出ると、明るみに出て入管当局に通報されてしまう。そうすると強制送還になるからというので、労働関係の法律さえも適用されないという状況が起こっているわけです。こういう男性労働者の問題も、皆さんぜひ心にとめておいていただきたいと思います。

もう一つは女性ですが、女性のうちの約七割がフィリピン、約二割がタイ、あとはいろんな国から来ているという構成になっています。そのような人たちは、ほとんど全部が性産業――いわゆる風俗産業――で働いています。日本の性産業での人手不足も深刻で、日本のセックス産業では中高年の女性たちが多いわけです。しかし、こういう産業にお客である男性が求めるのは若い女性です。その若年の底辺の労働者を輸入したアジアの労働者で埋めているという性産業の構造が、いまできているわけですね。

アジア女性の人身売買

そこで非常に問題なのは、そういう若い東南アジアの女性たちが人身売買という形で輸入されていることです。その取引価格の推移を見ますと、二、三年前に私が調査したときには、一五〇万から二〇〇万ぐらいで仕入れるという警察の話でした。それがつい最近は、三五〇万から四〇〇万で取引されています。

一人の女性をそのような値段で取引するという意味は、その女性が三五〇万から四〇〇万円の借金を背負うということです。それを返すために売春を強要されるわけですね。そういう女性たちがどのように人権侵害を受けているか、特に印象に残っていることを一つだけお話しします。

去年の六月二九日、ちょうど紀子さんの結婚式の日に、私はお葬式に行きました。二〇歳のフィリピンの女性が日本のヤクザに殴り殺されたんですね。私は火葬場まで行って彼女の骨を拾いました。彼女は一七歳で日本に連れて来られたのですが、偽造パスポートで、五歳上ということで連れて来られたものですから、骨壺に書いてあるのは偽造パスポートの名前と、二五歳という年齢でした。亡くなってからも、自分の本当の年と名前を書いてもらえない。私はそれを見て、日本という国の苛酷さみたいなものを感じて胸が痛かったです。

そういう女性たちを雇って巨額な儲けをしていた業者は、たまに売春防止法違反で摘発されても、この前、タイの女性を二人、警察がヤクザに売り渡すという事件がありましたが、ああいうことはいくらでも起こっているんですね。そうじゃなかったら、一〇万人にも達する女性たちが商売できるはずはありません。

そういう女性たちが一〇万人も日本に働きに来るというのは、それを買う日本の男性がいる、需要があるということです。ですから出稼ぎ女性の問題を考える場合には、なぜそうまでして稼ぎにこなきゃいけないのかという、タイなりフィリピンなりの送り出し国の状況をしっかり理解し、そういう状況が起こっていることにたいする日本の責任を考えなきゃいけない、これが、一つあると思います。それから、受け入れ国の日本の側の状況。売春に対して非常に寛容な、歴史的な、伝統的な女性観についても考えなきゃいけないと思います。もう一つは、最近は大企業までからんでいる暴力団を中心とする経済的な搾取のシステムも問題です。

この問題はいま、International Traffic-woman（国際人身売買）といわれて世界的な問題になっています。搾取の国際化というネガティヴな形の国際化が非常に進んでいるわけですが、私たちの側のそのような視点の国際化が、まだまだ追いついていないと思うんですね。

観光開発と先住民の生活

去年初めて、一〇〇〇万人以上の日本人が海外に行きました。五年前は五〇〇万ですから、わずか五年間に倍増しています。その人たちが行く先は、八割がアジア・太平洋地域です。そういうところで起こっているリゾート開発が、いかに、人権侵害とか環境破壊とか文化の破壊を起こしているかということを、私は感じます。

一つだけ例を挙げますと、日本人がハネムーンでよく行くグアム島には、先住民族のチャモロの人びとが住んでいます。この前、そのチャモロの代表のかたが日本に来られて、こういうことを訴えられたんです。チャモロの人びとは伝統的に死者をとても大切にして、いちばん景色のいいところに葬るんだそうです。ところが日本の会社は、いちばん景色のいいところにリゾートを開発したいわけですね。グアム島のホテルはほとんど全部日本の会社がもっています。海辺のいちばん景色のいいところに葬られているチャモロの死者たちの骨をブルドーザーで砕き、その上にホテルを建てるというまったく無神経なことを、日本の会社はやっているわけです。チャモロの人たちはいま「墓の上にホテルを建てるな」というキャンペーンをやっています。

私たち日本人は海外に観光旅行には行くけれども、行く先の先住民の人たちがどういう目に遭っているかということについての認識があまりにも少なすぎると思うんです。トゥーリズムというのはまさに南北問題です。南北問題の視点で観光問題をとりあげていくということは、ヨーロッパの開発教育のテーマに必ず入っています。

熱帯林の破壊の問題は、そのために「地球の肺」と言われる酸素の供給地がなくなるとか、洪水が起こるとか貴重な生物種がなくなるという人類全体にとっての被害だけでなくて、そこに住んでいる先住民の問題が非常に大きいわけです。

二年後の一九九三年は、国連が国際先住民族年ということで「国際先住民の権利宣言」を出そうとしています。世界的な開発のために、独特な文化をもった人たちが非常に厳しい状況におかれているわけですね。私はサラワクという、二十いくつの先住民が住んでいるところに取材に行って、熱帯林の破壊のすさまじさと、そのために先住民の人たちがどれほど体を張って抵抗しているかを見ました。

歪んだ開発

これまでお話ししてきたような歪んだ開発、これはいったい何が問題なのかということですが、五つぐらいに整理できると思います。

一つは、格差を生む開発であるということ。地球的なレヴェルでは先進国と第三世界という南北の格差を拡げ、一つの国のなかでは都市と農村の格差を拡げ、アジアという地域の中では、NIESのような国と最貧国と言われている国との格差を拡げ、あるいは男性と女性の性による格差を拡げるというように、格差を拡げ、従属を深める開発になっているということです。

二番目は、政治的な抑圧、人権抑圧を伴う開発であるということ。「開発独裁」という言葉があります。

三番目は、それとからんで軍事化の問題です。第三世界の独裁的な政権は、たいへんな軍事費を費して武器を輸入し、その武器によって自分の国の民衆を殺しているわけですね。そういう軍事化の問題です。

四つ目は、さっきから言っている環境破壊と資源の収奪を引き起こしているということ。

五番目には文化の問題です。伝統的な、貴重な、ポジティヴな、独自の文化を破壊して、モノ中心の消費文化を浸透させていっているということ。

女性たちが、子どもたちが、あるいは先住民族がどのように歪んだ開発の犠牲になっているかということです。そのような、先進国中心の歪んだ開発の犠牲になっている人たちの問題を、私たちはもっと構造的に理解していく必要があるんじゃないかと思います。

先進国の責任を問う

開発教育は最初のころは、第三世界の国ぐにはなぜ低開発なのだろうかと、どちらかというと第三世界について学ぶことに力点がおかれていました。ところが最近の開発教育の力点は、なぜそのような問題が起こるのか、むしろ北の先進国のほうに責任があるんじゃないか、北にどのような責任があるのかということに力点が移っています。

ドイツのブレーメンというところの市民団体は「南から北への援助をストップせよ」というスローガンを掲げています。皆さんは、北が南に援助しているはずじゃないか、とお考えになるでしょう。そうじゃないんですね。南から北に富が流れているために、南北の格差が開いているんです。ある計算によれば、いま第三世界は一兆三〇〇〇億ドルもの債務を負って、毎年二〇〇〇億ドルも支払っているという状況です。いま西側のＮＧＯの開発教育のなかでは、債務の問題が最大の関心事です。ところが、世界最大の債権国である日本で、債務問題について市民の側から何のキャンペーンもまだ本格的に始まっていない。だれも知らない。それはたいへんな問題だと思います。

もう一つは、一次産品の値段が下がるという形で富が南から北へ流れるという問題です。これをどう考えたらいいか。ガットの交渉についてもいろんなところで市民の人たちがキャンペーンしていました。ところが日本では、ガットの問題についてのキャンペーンも米の自由化反対だけで、第三世界の立場には無関心ですね。

多国籍企業、つまり企業の海外進出の問題も、開発教育の大きなテーマです。国連で、多国籍企業の行動基準をつくろうとしています。この秋に採択されそうなのに、土壇場になってアメリカ政府が反対を表明して、日本の政府もそれに同調しようとしています。残念ながら日本には、政府に対して多国籍企業の行動基準を採択させようという運動はありませんね。そういう運動をもっともっとやっていかなくちゃいけないんじゃないかと思います。

富が南から北へ流れていく、そのなかで南北の格差が開いていくという仕組みのなかで、日本がいかに大きな責任を負わされているかということを、日本の市民はもっと考えていかなければと思います。

ＯＤＡというのはいま、人権・環境・女性という三つのテーマに合ったものでなければいけないということが、世界的に言われています。たとえば、ＯＤＡが相手国の女性の状況をますます苦しくしているということが大問題になっています。ヨーロッパのＮＧＯの、「開発と女性」のことをやっているネットワークで、開発問題を女性の視点で考えなきゃいけないといっているわけです。私もメンバーのアジアの女たちの会で、日本のＪＩＣＡにたいして、「ＯＤＡに女性の視点を入れよ」という提言をしましたが、女性の団体が、開発問題でもっと発言してほしいのです。

本来、最貧国の最貧層の生活を少しでも改善するようなものでなければいけない援助が、結局、日本の企業の利益と政治的な国益のための援助になっている。この問題は、日本の市民団体の監視活動がもっともっと強まらなければ解決できないと思います。そして、その運動はまだ始まったばかりだと思います。

開発教育は何を目ざすべきか

いま、日本の開発教育は岐路に立っていると思います。というのは、政府側がこれはやらなきゃいけなくなってきたと、外務省や文部省、あるいはその外郭団体あたりが開発教育ということをどんどん打ち出しています。しかし私は、開発教育というのは市民によるものでなければいけないと思っています。政府がやろうとしている開発教育で一番問題なのは、企業進出とかＯＤＡとか日本の責任を問わないということなんです。

開発教育は、幼い子どもの段階では、確かに異文化理解教育が中心でよいと思います。アフリカにはハエがたかって痩せ衰えた子どもしかいない、というような偏ったイメージをもたないで、異文化を尊重させることが、とっても大切なんですね。そのような異文化理解は政府レヴェルでもやると思います。

しかし、異文化理解からさらに進んで途上国の貧困の構造的な理解、学習が必要だと思います。それをするかどうかということが、お上による開発教育と市民による開発教育との違いじゃないかと思うんですね。

もう一つは、現代の先進国の南の国にたいする支配的な関係だけじゃなくて、かつての支配的な関係、歴史を見直さなくてはいけない。私がヨーロッパで感心したのは、ＮＧＯの運動をしている人たちの根っこには、植民地支配に対する反省があるということでした。日本の場合はやはり、アジアにたいする軍事的な侵略を反省することから始めなければならないと思います。

私はきょう、開発教育と平和教育とのからみをあまりお話しできませんでしたが、結論的に言いますと、ポスト冷戦の世界全体の動きとして、いままでの米ソ対立で積みあげてきた核兵器を初めとするものすごい軍備を縮小して、それを開発のほうに回さなきゃいけないという時代にきていて、東西対立の時代から南北問題の時代にと二一世紀に向かって人類の課題が変わってきていると思います。一部の人たちは「東側の社会主義は崩壊した、資本主義万々歳だ」「フリーマーケット、フリーエコノミー」ということを強調していますが、フリーマーケットのために第三世界の人々が犠牲になっています。そのような南北の問題をどのように解決していくのかがこれからの最大の課題ですし、開発教育の大きな目的ではないかと思います。南北の格差を解消していくために、どのような開発こそがあるべき開発かということが模索されています。かつてマルクスが新しい考え方を出したように、開発のあり方についても新しい考え方がいま求められています。

結論として、あるべき開発とはどのようなものか、もっと議論し、そのために日々の私たちの生活のあり方や日本の経済の仕組みをどのように変えていくかを考えていくこと、そして、ただ考えるだけでなくて行動に移していくこと、それがこれからの開発教育の課題ではないか、と考えています。

アブラハムの神とアステカの神の狭間で——価値観をめぐる断章——

……古茂田宏

【解説】

「未来をひらく教育」九六号（一九九四年春）所収。

古茂田宏氏は一九五二年生まれ、現在一橋大学教授（本編掲載時は千葉大学助教授）。著書に『二一世紀への透視図：今日的変容の根源から』（編著、青木書店、二〇〇九年）『ビンボーな生活ゼイタクな子育て』（はるか書房、一九九九年）など。

「憲法」「平和」「経済」といった「政経」的分野とくらべると、「倫理」的な分野は全民研をはじめとした民間教育団体でも取り上げられることが少ない。本編掲載の「未来をひらく教育」はそうした隙間をうめるべく「価値意識の形成と学校」を特集、本編はその一環として置かれたものである。

古茂田氏は、「正しい価値観というものが存在する」という「価値客観主義」と、それとは逆の向きをもつ「文化多元主義・相対主義」のいずれも、現実の中でそれを貫ききれない困難な場面があることを指摘する。ここでひきあいに出されるのは、古代アステカの食人儀礼という「いささか極端な話題」だが、死体を食用にすることの「合理性」と，医療テクノロジーにおける脳死者や胎児の臓器利用とが同一の構造を持つと考えれば、この議論は決して現実ばなれした空想物語ではないという。

しかし、人は客観的な価値の存在や、それを前提とした他者との感覚の共有を求めるものであり、それこそが人間の根源的共同性をつくっている。であるならば、我々に求められるのは、「理論的相対主義者」として、自明と思われてきた価値を再検討する柔軟さをもちつつ「実践的客観主義者」たることではないかと古茂田氏は述べる。

学校教育という場は、「正しい価値観が存在する」という「価値客観主義」が強くみられるところだろう。その一方で、「価値観の相違」を安易に認め、共同性の構築を放棄する場面も巷には少なくない。本論文は、「価値客観主義」と「相対主義」の狭間でわれわれが模索すべき方向性を示そうとしたものであり、価値観についての根源的問いかけを含んでいる。

（井口靖）

価値と価値観について

まず最初に、そもそも価値観とは何か、さらには価値とは何かという問題を考えておきましょう。「価値」とは、読んで字のとおり「あたい」「ねうち」のことですから、「有用な」とか「貴重な」ということを意味していると言ってよいでしょう。それはまた語感からして、世界それ自体の中に実在する客観的なものというニュアンスを帯びてもいます。これに対して「価値観」は、あくまでもそうした価値を感じる側の方にあるとみてよい。つまり価値観とは、「何を大切に思い、何をどうでもよいことと感じるか」という、主観的な評価基準なのです。当然のことに、時代の違いや文化的伝統の差に応じて、人々の価値観は実に多様な様相を呈することになります。

以上のように価値と価値観を区別した上でことがらを眺めてみると、次のように考えられるかもしれません。こうです。――世の中には様々に異なる価値観を持つ個人や集団がいる。金儲けが全てだという価値観に従って生きる守銭奴もいれば、美しい音楽に浸っていられればそれで十分だという唯美主義者もいる。天皇のために死ぬことが最大の名誉であって、それと比べれば「私」の命など鳥の羽より軽いと信じさせられた時代もあったし、逆に自分以外の世界全体よりも自分の命の方が大事だと感じる若者だっているだろう――。このように価値観は主観的であり、相対的であり、多様だ。しかし、人々の「価値観」はこんなにバラバラだけれども、ものごとの「価値」そのものは客観的で絶対的なのではないか。だとすれば、価値観にも正しい価値観と間違った価値観があるということになる。つまり、本当に大切なことを大切なものとして感じ、どうでもよいことをどうでもよいこととして判断する人こそ「正しい」価値観の持ち主なのだ……。大体このような考え方です。これを、価値の客観主義と呼んでおくことにしましょう。

人の命よりも大切なものはあるか――輸血拒否事件をめぐって

価値の客観主義などといういかめしい言葉は普段は使われませんが、しかし多くの人々は、大体においてこうした考えを共有しているように私は思います。何が客観的な価値かという点では争いがあるにしても、そういう客観的な基準があるはずだという信念はかなり強く分け持たれているというのです。自分の価値観（感じ方）に照らして不愉快な行為や選択を他人がするのを見るとき、私たちは単に「自分とは違うな」と感じるだけではなく、端的に「間違っている」と感じるのです。しかしこの価値客観主義は、果たして根拠あるものなのでしょうか。問題を冷静に検討してみますと、少なくとも、ことがらは人がそう思うほど自明なものではなくなってくると私は思います。極端なケースを例にとって、いくつかの思考実験をしてみましょう。

数年前でしたか、『エホバの証人』という宗派の信者が、自分の信仰に基づいて、交通事故に遭ったわが子への輸血を拒否し、現代の医療水準からすれば簡単に救える命をむざむざと死なせてしまう、という事件がありました。ここでは細かい事実関係や枝葉の問題はカットして核心だけを取り出してみますと、人間の命よりも大切な価値は存在するのかという問題がそこにははらまれていたと思われます。一般的に言えば、この問いに対して宗教は「ある」と答えます。それは神であり、神の命令です。宗教にはたいてい死後の「あの世」についての物語が用意されていますから、「この世」での命は至上の価値にはならないのです。私はこの宗派の教義をよく知りませんが、おそらく彼らが聖典とする聖書に輸血に類する行為（他者の身体の一部を取り入れること）を禁じる記述があり、それを文字通り守ることの方が肉親の命を救うことよりも大切なことだと判断されたのであろうと思います。もちろん彼らも、目の前の子どもを救いたいという思いと信仰を守らねばならぬという思いの板挟みにあって苦しんだでしょう。しかしこのケースでは、信仰が勝利し、子どもの命は失われたのです。それは、旧約聖書に出てくるアブラハムの故事を思い出させます。アブラハムは神の命令を受けて、いささかのためらいもなくわが子のイサクを犠牲に捧げようとしたのです。この神の絶対性に対する畏敬の念は、今日のキリスト教——というより宗教一般——の本質をなしていると言ってよいでしょう。

この科学の時代に何という非合理的な価値観だろう。圧倒的多数の日本人はそう感じたと思います。生きている人間の命より、怪しげな神様の戒律を重んじるなんて……という思いがその違和感の中心にあるのでしょう。後で戻ってきますが、とにかくこの違和感をよく覚えておいて下さい。

不気味な合理性——カニバリズムの倫理と論理

さて、今度は逆の極端な話になりますが、一冊の書物を紹介したいと思います。それはマーヴィン・ハリスという人類学者の本で、『ヒトはなぜヒトを食べたか』という奇抜なタイトルで翻訳（早川書房）が出ています。人間の食生活に関する考古学的な調査や人口動態学の知見を駆使した真面目な本ですが、中身はショッキングで、にわかには信じがたい話が――しかしかなりの説得力をもって――いろいろと出ています。その中からこの話だけを紹介するのは誤解の恐れがあって気がすすまないのですが、紙幅の都合で仕方ありません。できれば全体を読んで下さいとお断わりした上で、短く紹介します。

……未開時代、人類の生産力が素朴な段階にあったとき、人々は栄養分を摂取するために様々なサバイバル戦略を取ってきた。それは、土地土地によって異なる生態学的風土に応じて様々な姿をとった。ところで、俗に「人食い人種」などと蔑称された民族がいるが、白人の偏見というのではなく、冷厳な事実としてそういう食文化をもつ民族は存在した。人間が飢餓線上に置かれたとき、その危機を同胞の肉を食うことで回避しようとする文化と、たとえ餓死しても絶対にしてはならないタブーとしてそれを禁じた文化とが、どういうプロセスでそれぞれ生じたかはひとまずおくとして、いわゆる食人文化《カニバリズム》は、人間のサバイバル戦略の一バージョンとしてはっきりと存在したのである……。

ハリスは、平らな頂上をもつ急勾配のピラミッドの上で繰り広げられた太陽神への人身供儀（太陽神は人間の心臓が好物だと観念された）など、アステカ族をはじめとするメソアメリカの文化に関する細密な――かなり胸の悪くなる――描写をした上で、こう言います。「私が生贄の死体の行方を追及しているのは、アステカの食人習俗が儀式における一口の珍味を形式的に味わうようなものではなかったことを明確にするためである。食用になる部分はすべて、家畜の肉の場合と全く同じやり方で消費された。アステカの神官たちは、動物性蛋白質を人間の肉という形で大量に生産・再配分することに適応した国家体制における儀礼的殺人者だったと言ってよい」(邦訳一七〇頁)。

私たちは輸血拒否の宗教に違和感を感じましたが、もしこうした食人儀式を伴う宗教を目の前にしたら、きっとその反応は違和感というようななまやさしいものには止まらないでしょう。今日では、〈唯一の普遍性を持ったヨーロッパ文化が他の野蛮人を啓蒙教化してやるのだ〉などという西欧中心主義は影を薄め、様々な文化の多様性と個性を承認するという文化的多元主義・相対主義――価値の客観主義とは逆の向きをもつ――が徐々に優勢になりつつはありますが、食人文化《カニバリズム》までをも民族文化の個性と認めるほどにまで寛容な相対主義者は少ないだろうと思います。誰がどう感じようと、こんな風習は間違っている、力づくでも止めさせるべきだと、大多数はそう考えるにちがいありません(ピサロやコルテスらのスペイン人もまたそう考えました。そして、史上空前のインディオ虐殺が――彼らのカニバリズムと比べてもなお桁外れに大量の犠牲者を生んだ――行われたのです)。

しかし、非常識なことをあえて問います。なぜカニバリズムは悪(反価値)なのか、と。ここでは実在したかもしれないカニバリズムのことは一応おいて、純粋に論理的に考えてみましょう。確かに、生きた人間を生贄として殺すとか、あらかじめ食肉用のための捕虜や奴隷を社会システムとして制度化するといったことの不正義は、同じ人間に対する冒涜だということで一応の説明がつくかもしれません。しかし、すでに死んでしまった同胞の肉を食うことはなぜいけないのか。科学的に言えば、死体はすでに人格《ヒト》ではなく、物質《モノ》ではないか。もちろん他に食べるものがあれば話は別だが、ある社会が飢餓線をさまよい、このままではみんなが飢え死にしてしまうという状態になれば、最後の選択としてそれは許されるのではないか。いや、価値の源泉が生きている人間にあるのだとすれば、それをタブー視することは『エホバの証人』の選択が愚かであるのと全く同じ理由で愚かなのではないか。

それをすれば生きられるのに、手をこまねいてむざむざと死ねというのは……。

近代化されたカニバリズムとしての臓器移植

いささか極端な話題で、しかも今日の社会からはかけ離れたような宗教や習俗ばかりを取り上げたかの印象を与えたかもしれません。しかし、このようなカニバリズムの弁護論は、決してガリバー旅行記のような空想物語《ファンタジー》ではありません。たとえば、現代の医療テクノロジーの発達はこれまで私たち人間が考えもしなかったことを可能にしましたが、そこで議論されつつある臓器移植問題は、本質的には右に紹介したカニバリズムの議論と同じ構造をしているのです。……生きている人間を救うためには、死者への過度の感傷は捨てるべきではないか。死にゆく人間も、自分の遺体が病に苦しんでいる同胞の役に立つと思えばむしろ満足できるのではないか……。こうした議論は、移植用の臓器が新鮮でなければならないという事情から、〈人間の死とは、普通人が信じている心臓死よりも早く訪れるのだ〉という「脳死」判定の議論へとエスカレートしてきます。

以下はプライベートな形で聞いた話で典拠をあげられないのですが、現代医学の最前線で密かに試みられていることの中には、アステカ族の風習と匹敵するほどおぞましい（と私の感じる）事態も進行しているようです。一例をあげれば、妊娠中の胎児の染色体を調べて重度の障害が発見された場合、その妊婦の同意を得た上で、その胎児を人間とは認知せずに、出産後にその臓器を医療用ホルモンの精製工場として「有効利用」する……といった試みです。これが事実だとは断言できませんが、現代の医療テクノロジーの趨勢からみて十分にありうることだと言わねばなりません。

さて、こうした事態を前にして、私たちはどんなことを感じ・考えるでしょうか。おそらく、人々の感じ方や判断は容易には一致しないだろうと思います。第一、この問題は自分（ないし自分の親密圏にいる人間）が移植を受ける側に立つか与える側に立つかで全く様相を異にしますから。しかし一般論としても、多くの人は、臓器移植推進論者の〈死者への感傷よりも生者の救命を……〉という価値選択の合理性を認めながらもなお、それは「触れてはならない」一線を超えているのではないかという疑念に動揺するだろうと思うのです。もちろん「輸血拒否」の極から「カニバリズム」の極まで、この「一線」は最も適切な位置を求めて彷徨うことでしょう。しかし、理屈はうまく付けられないにもかかわらず、こうした医療テクノロジーの「無限の発達」という科学的福音にある種のいかがわしさを感じる人がいれば、意外なことに、その人の中にはあの『エホバの証人』の「非合理的」な価値観が、おそらく幾分かは分け持たれているのです。

結びにかえて

問題の大きさに比して紙幅が残り少なく、急ぎ足でまとめなければなりません。私は冒頭で価値の客観主義に触れ、それが多くの人から暗黙の支持を得ていることを認めた上で、果たしてそれは根拠のある考え方だろうかという疑問を提出しておきました。この問いに十分答えることにはなりませんが、暫定的に次のように言っておきたいと思います。

まず第一に、今もなお多くの人々は、日々の生活を生きる中で価値の客観主義者として振舞っていますが、それは健康であり・望ましいことであると私は思います。「君はそう感じるのか。ぼくはそう感じないね。価値観の相違だな（おしまい）」だとか、何が本当に大切かなどということは「蓼食う虫も好き好き」でカラスの勝手だね……という風な、実践的な価値相対主義者になることは、私の意図するところではありません。あくまでも私たちは、対立する価値観がそこで判定されるべき客観的な価値序列があると思い、自分の感じ方は単なる趣味や好みではなく、この「本当の」世界に裏打ちされたものだと信じて、だからこそ相手にも自分の感じ方を共有してもらいたいと望みながら生きているのです（右であれ左であれ、広義の道徳教育もこの信念を背景としてなされているはずです）。この「おせっかい」さは、相手がエイリアンではなく同じ人間だという直観的な共同感情におそらく由来するものであり、この「おせっかい」さが消滅する日は、人間の根源的な共同性が消滅するときと同じ日付になるでしょう。

しかし一方、ことがらを理論的に（実践の場から一歩身を引いて）眺めてみると、そうした様々な価値観を決済し・根拠づける客観的価値序列なるものが、必ずしも明瞭な形では存在しないということが反省されるでしょう。なぜそうなのかということは理論的に深めなければならない難しい問題であり、立ち入る余裕はありませんでしたが、本稿で試みたささやかな思考実験からもそのことは予感されたと思います。誰が見ても明らかに見える価値（たとえば「人間の生命」）でさえ、当人が持つ別の価値と直観的に対立することがありうるし、価値相対主義や懐疑主義の厳しい審問を免れえないのです。

比較的自明だと考えられてきた様々な諸価値を揺さぶる事態が次々に生じ、その都度「本当に大切なこと」は何かということが問い直される、そういう時代が到来しています。今日における重要な社会運動としてのフェミニズム運動（「生む生まないは女の自由であり、自己決定権に属する……」）と障害者差別反対運動との間の論理の衝突なども、臓器移植をめぐる問題と同型の懐疑論的問題を提起していると言ってよいでしょう。こうした危機の時代にあって我々が取るべき態度があるとすれば、それは実践における客観主義者であることと、理論における相対主義者であることとを同時に引き受けるという、微妙で困難な道である他はないのかもしれません。

価値（観）とは何かなどという大上段に構えた議論から始めたものの、それに見合う豊かな結論を導くには至りませんでした。その糸口となるような議論を提供したところで論を閉じることにします。

あとがきにかえて

浅井基文
〈全国民主主義教育研究会会長・広島市立大学広島平和研究所所長〉

全国民主主義教育研究会（略称「全民研」）が創立四〇年という節目を迎えるこの年に、機関誌「民主主義教育」、「未来をひらく教育」そして「民主主義教育21」に発表された記念講演及び特別論稿の中から選りすぐったものを『現代教育の思想水脈』として一冊にまとめて出版する企画は、二一世紀の最初の一〇年にも当たるいま、きわめて時宜を得た、そして方向感を失って漂流を深めている日本の思想及び教育に対して重要な一石を投じるものとして歓迎したい。この本に収められた論稿に目を通す機会を得たが、それらの内容はいずれも二一世紀の日本の思想及び教育のあり方に対して新鮮かつ重要な視野を提供するものであることを実感した。個々の文章についてはそれぞれ専門的な解説が加えられることになっているので、私としては、収録文献と関連づけながら、二一世紀の思想と教育のあり方について、私の限られた知見の範囲内での問題意識を記すことによってあとがきにかえたい。

今日の日本の思想状況を眺める場合、私たちはともすれば一九四五年から一九五二年にかけて形成された国際環境及びその下で日本のおかれた立ち位置を今日においてもなお所与の（そして往々にして不変の）前提として、ものごとを考える傾向が強いと思われる。例えば、二〇一〇年四月二一日に行われた党首討論において、民主党代表であった鳩山由紀夫首相（当時）は、日米軍事同盟が日本の安全保障にとって不可欠の役割を果たしているという認識を示した（谷垣禎一自民党総裁もこの認識に異論を差し挟まなかった）が、これなどは正に日本の保守政治家が、冷戦構造という土台が完全に消滅したにもかかわらず、相も変わらず冷戦思考の硬直した認識にとどまっていることの端的な例証である（**収録文献では関寛治「パール・ハーバー、ヒロシマ、世界秩序」が扱っている問題である**）。

しかし、歴史をさかのぼれば、アメリカを中心にして国際関係を捉え、その枠組みの中で日本の立ち位置を考えるという発想は、日本が独立を回復する一九五二年までは決して自明なことではなかった。むしろ、侵略戦争に走り、そのあげくに世界初の原爆投下を受けて無条件降伏に追い込まれた日本は、その深刻な反省にたち、国際的な権力政治と決別し、「平和を愛する諸国民の公正と信義に信頼して、われらの安全と生存を保持しようと決意し」（日本国憲法前文）、戦争を放棄し、戦力を持たないまったく新しい国家（憲法第九条）、従来の国家の概念からすれば革命的とすら言える国家としての生き方を目指すことを打ち出したのである（**憲法については、収録文献の加藤節「憲法第九条の政治哲学的意味」から学ぶことが多い**）。

それゆえにこそ、時の政権が米ソ冷戦状況の下においてアメリカに従属する形での独立回復（具体的には、日本国憲法とは両立し得ない日米安保条約とひき換えの名目上の独立実現）の方針を採用したときに、日本国憲法に立脚し、国際社会から祝福される形での独立回復を目指すべきだという主張が巻き起こり、「単独講和か全面講和か」をめぐって国論が二分され、一九五〇年に全面講和の立場を全面的に展開した平和問題談話会の声明が出されたという経緯があるのである（**古田光「日本思想史への新しい視角」がこの声明に言及している**）。

「単独講和か全面講和か」という論点が激しく議論された当時の状況は、二一世紀の国際関係をどのように認識するか、そしてその中で日本という国家の立ち位置はどうあるべきかという、優れて二一世紀日本の今日的な課題を考える上で、改めて見直してみる価値があると思われる（**それはまた、関寛治論文の今日的展開ともなるだろう**）。そこには大きく言って、第二次世界大戦後（今日的には、冷戦構造終焉後）の国際情勢の本質を如何に認識するのかという国際観の問題と、そのような国際観に即した日本という国家のありようをどのように認識するのかという国家観の問題とが存在している。

日本国憲法が立脚する当時の国際観は主に三つの要素から成り立っていたし、それらの要素が新しい国家観の枠組みを構成していた。そしてこれらの三つの要素は二一世紀の今日においても引き続き有効である。

一つはすでに述べたように、第二次世界大戦までの国際関係が権力政治に支配され、日本自体もその権力政治を前提とした対外政策を推し進め、植民地支配・侵略戦争の道に走って数千万人にも及ぶ犠牲者を生み出し、自らも戦略無差別爆撃、沖縄戦、広島及び長崎への原爆投下によって数百万人の犠牲者を生んで無条件降伏したことへの反省である。この反省に立つ日本国憲法が根拠をおく国際関係は、人類の平和的生存は諸国民の公正と信義に依拠しており、国際の平和と安定は「力によらない平和観」に基づいてこそ確保され、維持され、（失われた場合には）回復されるとする確信にその存立の根拠をよっている。このように、世界各国から祝福される形で独立を回復し、世界各国との全方位での友好関係を追求する国家のあり方を主張したのが全面講和論だった。その主張は、冷戦構造が崩壊し、権力政治そのものが時代錯誤になっている二一世紀の今日の国際関係における日本の国際的な立ち位置に有力な視座を提供することが容易に理解されるだろう。

これに対して伝統的な権力政治に基づく国際観は、「平和は力の裏付けがあってのみ確保され、維持され、（失われた場合には）回復される」という、いうならば「力による平和観」に立っている。第二次世界大戦の惨禍は恒久平和を願う国際的な気運を生み出し、国連憲章が作成され、また、日本に平和憲法をもたらした。しかし、第二次世界大戦の陰で進んでいた米ソの相互不信は大戦終了とともに顕在化し、米ソ（東西）冷戦という形で国際関係は引き続き権力政治の国際観によって支配されることとなった。この国際観を全面的に踏襲し、独立の代償として日米安保条約を受け入れ、対米一辺倒の国家のあり方を選択したのが片面講和論であった。正に単独講和論は、日本国憲法の国際観及び国家観を全面的に否定してかかるものだった。言うまでもなく、「全面講和か単独講和か」という本質的論争は、二一世紀の今日においてもなお、「平和憲法か日米安保か」という国民的選択課題として未決着なまま続いている。

日本国憲法が立脚する国際観の二つ目の要素は、核兵器の登場が伝統的な戦争のあり方を否定せずにはすまないという認識である。伝統的な権力政治が支配する国際観のもとにおいては、「戦争は政治の継続」であり、政治目的実現のための（少なくとも最終的な）手段として認められていた。近現代兵器の破壊力・到達距離の飛躍的拡大及びそれらに伴う戦争そのものの非可視化によって、戦争が残忍性を増し、非戦闘員をも巻き込む度合いを高めるにつれて、第二次世界大戦におけるホロコースト、南京大虐殺そして戦略無差別爆撃などによって、道義性・人道性の問題は後方に押しやられ、広島及び長崎に対する原爆投下に直結した。しかし、広島及び長崎の想像を絶する惨劇は、戦争及び戦争主体としての国家に関する伝統的な観念に根本的な修正を迫ることにならざるを得なかった。戦争はもはや紛争解決のための手段ではあり得ず、勝者のない人類滅亡をもたらすものとして認識されるに至った。国家が国際紛争を解決する手段として戦争を正当化するという伝統的な考え方ももはや成立しないことが認識された。憲法九条を体した国家観の革命的な意義は正にこの点にこそあるし、その革命的な意義を認識する立場を全面的に体現したのが全面講和論であった。

一七世紀の欧州に起源を持つ国際社会は、主権国家を基本的な成員（メンバー）とし、メンバーである国家の関係を束ねる中央政府を持たない、いわば「政府なき社会」である。このような国際社会は、中央政府を持つ国家において成立する国内社会とは異なるさまざまな特徴を持つ。特に国内社会においては、個々の成員（メンバー）である国民（あるいは市民）は、自らの生命と安全を自ら守る（自救）のではなく、公権力（司法・警察）に暴力装置を集中して、公権力によってその生命と安全を守らせる仕組みを発達させてきた。しかし国際社会においては、国家における公権力に当たるものが存在しないために、個々の成員（メンバー）である国家は、自らの平和と国家としての生存を自らの力によって守る（自救）以外にない状況にとどまってきた（確かに国連憲章においては国連軍に関する規定を設けたが、ほとんど機能するに至っていない）。しかし、日本国憲法は、広島及び長崎の教訓を踏まえ、日本が巻き込まれるような現代戦争は、核戦争の可能性を含め、勝者のあり得ない共滅戦争であるから、もはや「戦争は政治の継続」ではあり得ず、日本の国家としての平和と生存は、自衛のための軍事力によらず、「平和を愛する諸国民の公正と信義に信頼して」確保するという、憲法第九条に体現されるまったく新しい生き方・安全保障観を取ることを明らかにしたのである。

確かに広島及び長崎の後、核兵器が戦争において使用されることはない状況が六五年にわたって続いてきた。しかし、一方においては米ソ大国間の核軍拡競争が際限ない規模で続けられた。また、朝鮮戦争、台湾海峡危機、キューバ危機、ヴェトナム戦争等数々の戦争において核兵器の使用が真剣に検討されることがあったことも明らかになっている。そこにおいて支配したのは、核抑止論、拡大核抑止論に代表される、核兵器の使用を排除しない政策への固執だった。つまり、広島及び長崎への原爆投下の教訓は、国際観及び国家観の根本的転換を世界的規模で引き起こすには至らなかったということである。

また、日米安保条約の締結による日本の独立回復を急いだ片面講和論の論者においては、核兵器の登場が国際観及び国家観に根本的修正を迫るものであったという認識は欠落していた（**片面講和論者におけるイデオロギーの旧態然たる本質に関しては、収録論文の岩井忠熊「神の国発言と草の根国家主義」が参考になる**）。彼らはアメリカの核抑止論を当然のごとく受け入れ、アメリカの拡大核抑止政策の庇護（「核の傘」）に入ることを当然視した。確かに彼らは、広島、長崎、第五福竜丸に起源をもつ国民的な反核感情を到底無視することはできなかった。非核三原則は正に、国民的総意を無視し得ない国民的成果として生まれた。しかし、非核三原則を言いながらも、核四原則として「対米核抑止力依存」を含ませたところに片面講和論の系譜が頑強に自己主張を続けていることを見ないわけにはいかない。

確かにその後の日本の進路は厳しいものがあった。一九四七年に日本国憲法が施行されるようになる頃から本格化した米ソ冷戦、中国における内戦での共産党の勝利、朝鮮戦争の勃発などによって日本を取り巻く国際環境は急激に権力政治突出の様相を深め、日本を占領支配していたアメリカは対日政策を激変させた。具体的には、日本の再軍備、独立回復と引き替えの日米安保条約押しつけ（事実上の対日軍事支配の継続）、要するに日本国憲法が予定していた力によらない平和観に基づく平和民主国家の建設から日米安保条約を基調にした、力による平和観に基づく親米反共国家としての対米従属路線の推進であった。こうして、戦後日本を支配してきたのはアメリカが圧倒的な主導権を握る権力政治の横行であり、日本国憲法が予定した国家のあり方の革命的な変革の可能性は完全に奪いあげられてしまった。

戦後の日本政治の大半を牛耳り、親米反共路線を推進した自民党政治もまったく無為無策であったわけではない。岸信介政権が強行した一九六〇年の日米安保条約改定は、戦前からの国際観及び国家観を引きずる党内の右翼的ナショナリズムを代表する勢力による、自主憲法制定及び対米自主対等性回復を目標とした政策的試みであった（結果的には憲法改正には踏み込むことはできず、対米自主権の回復も極めて限られた内容にとどまらざるを得なかった。むしろ、アメリカによる核持ち込みについて譲歩するなど、今日まで続くいわゆる核密約問題を生み出した）。

また、米ソ冷戦の終結という国際観のあり方を見直す客観的な好機は、一九九〇年の湾岸危機・戦争以後、伝統的な権力政治の発想にしがみつき、軍事的一極支配を目指すアメリカの政策が日本国内においてもなし崩し的に受け入れられることによって生かされることがなかった。また、アメリカ側の要因（国際経済力の相対的衰え、増大する財政的困難、米ソ冷戦終結を受けた世界的軍事覇権の確立）と日本側の要因（湾岸危機以後の軍事的国際貢献論の増大、北朝鮮脅威論・中国脅威論を利用した国内世論誘導、小泉・ブッシュ政治のもとで推進された日米軍事同盟の変質強化、以上三つの流れを受けて勢いづいた保守攻勢）とが相まって、今や日本列島全体がアメリカ発の戦争体制に動員される仕組みにまで作り替えられるに至っている。

それでは、自民党に代わって政権を取った民主党を中心とする連立政権（以下、民主党政権）は、この問題に対して私たちが納得できる回答を用意していると言えるであろうか。そもそも「政権交代」さえすれば、この問題が解決するというような簡単な問題であろうか。私は、こういう視点から民主党政権の政策を観察してきたが、今やはっきり答えを示すことができる。つまり、民主党政権によっては根本的に解決されることはあり得ないであろう。

つまり、民主党政権の安全保障政策は自民党政権のそれを忠実に継承するものであり、変更を窺わせる材料はゼロだということである。鳩山政権が発足した直後に岡田外相は、いわゆる核密約についての事実関係を究明することを命じて多くの国民の支持を集めた。しかし、その結果が公表されたあとの鳩山政権の核問題に関する対応は、自民党政治を踏襲するのみならず、事態によっては将来の政権が非核三原則を見直すことがありうることを積極的に予断することに踏み込むなど、自民党政権時代以上に反動的な姿勢を明らかにしている。

民主党政権が日米同盟に固執する何よりもの証拠は、改定日米安保条約五〇年に際して日米安全保障協議委員会（「2＋2」）が公表した日米関係閣僚による共同発表（一月一九日）である。そこでは、「日米同盟は、過去半世紀にわたり、日米両国の安全と繁栄の基盤として機能してきており、閣僚は、日米同盟が引き続き二一世紀の諸課題に有効に対応するよう万全を期して取り組む決意である。」と記しており、過去半世紀における日米同盟を全面的に評価する（つまり、自民党政治を全面的に肯定する）とともに、二一世紀においてもこれを堅持する姿勢を明確に確認している。

民主党政権成立以来の普天間基地移設問題をめぐる迷走ぶりにおいても民主党政権の対米追随姿勢が際立っているが、普天間基地移設先候補に取りざたされる地方自治体が例外なく強烈な拒否の姿勢を明確に表明していることは、当事者の主体的認識如何にかかわらず、「そもそも在日米軍基地が必要なのか」という根本的な疑問の客観的な反映である。そこには、日米同盟を当然視し、その枠組みの中でしか物事を考えられない民主党政権と、在日米軍ひいては日米軍事同盟が日本の平和と安全に本当に不可欠なのか、攻撃性・侵略性を高める日米軍事同盟はむしろ日本ひいては国際の平和と安定に資さないのではないかについて疑問を抱きはじめた民意との間に重大な齟齬が生まれていることは明らかである。在日米軍基地移設問題において問われるべきは、日米軍事同盟の根幹をなす日米安保体制を二一世紀においても維持するべきかどうかについての国民的な議論を尽くすことであろう。つまり、平和憲法か日米安保かという問いかけは、二一世紀の今もっとも先鋭な形で私たちに突きつけられているのだ。

日本国憲法が立脚する国際観の三つ目の要素は、「人間の尊厳」（人権・デモクラシー）という価値が人類的普遍性をもつものとして確立したという認識に裏づけられているということである（憲法第九七条は、「この憲法が日本国民に保障する基本的人権は、人類の多年にわたる自由獲得の努力の成果であつて、これらの権利は、過去幾多の試錬に堪へ、現在及び将来の国民に対し、侵すことのできない永久の権利として信託されたものである」と定める）。ルネッサンス、宗教改革、フランス革命などを経て人間存在の固有の尊厳（人権・デモクラシー）を承認した人類の歴史は、第一次及び第二次世界大戦を経てこれを普遍的価値として承認するに至った。いまや、こと国内生活の次元においては、人間の尊厳（人権・デモクラシー）と親和性を持つ平和観は「力によらない平和観」のみであるということが国際的に広く承認されるに至っている。人権・デモクラシーを標榜しないようないかなる政権も国際的に正統性を主張し得ないというのは、正にそれ故である。全面講和論の系譜は、明確にこのような認識に立脚している（憲法第九条と人権との親和性に関しては、収録論文の樋口陽一「憲法五〇年と教育の課題」に大いに納得した）。

しかし、第二次世界大戦後の国際政治においてはなお、権力政治が行われることが当然視されるのが一般的だった。そこでは、普遍的価値である個人の尊厳（人権・デモクラシー）が尊重されるのは国内社会においてであり、国家を主要な成員（メンバー）とする国際社会においては権力政治が行われることが当然視された。このような国際観は、片面講和論の系譜に属する勢力にとっても正に好都合のものであった。その後の「自主憲法制定論」の担い手が片面講和論者の流れを汲むものが多いという事実は、人間の尊厳（人権・デモクラシー）という普遍的価値に対する彼らの基本的な冷淡さ・無関心さを如実に示している。

「政権交代」というマスコミをも巻き込んだ政治的熱に浮かされて半年余の時間を浪費した国民が、今や正面から問われなければならないことは、二一世紀における国際環境の中で、私たち主権者が日本という国家をどのように舵取りしていくのか、国際社会の中での日本の立ち位置をどのように設定するのかという根本問題である。最近の世論調査の動向を見ると、「みんなの党」に対する支持率が高まるなど、多くの国民が相変わらず根本問題に正面から向き合うのを避け、弥縫策に望みをつないで糊塗しようとする傾向を窺わざるを得ないが、私としては、韓国、台湾、タイ、フィリピンなど近隣アジア諸地域で力強く民意を表明するデモクラシーの流れを、日本社会もいい加減本気で我がものにするべき時が来ているのではないかということを問題提起したい。

そもそも、二〇世紀から二一世紀にかけての国際社会を特徴づけるもっとも重要な要素とは何だろうか。一つはすでに述べたように、広島、長崎への投下で始まった、人類の意味ある生存をいつ何時脅かすとも限らない核兵器の出現である。第二は、地球上のあらゆる地域を相互に分かちがたく結びつけた相互依存の深まり（アメリカ発のグローバリゼーションと国際的な相互依存の深まりを同一視する向きもあるが、私は、政策的産物である前者と歴史的客観的発展である後者とは峻別するべきものと考える）である。そして第三は、人類の意味ある生存を危殆に瀕せしめる、そして一国単位の対応では解決することができず、全地球的対応が求められる地球環境保全という人類的課題の登場である。

このような国際環境の巨大かつ本質的な変化を考えるとき、私たちは、二〇世紀までの国際社会を支配した権力政治及び力による平和観にもはやとどまっていることは許されないことを深刻に認識せずにはすまない。そして、二一世紀の国際環境が私たちにまったく新しい平和観に立つことを求めていることを認識しなければならないのだと考える。そこで私は最後に、改めて「全面講和か片面講和か」が真剣に議論された当時に立ち返ることを促したいのだ。ちなみに、全面講和論の立場から論争を生き生きと活性化させたのが丸山眞男だったのだが、本書に収録された論考の多く（加藤節、古在由重、藤田省三、関寛治、古田光）が丸山眞男に言及しているのは実に興味深かった。一九五〇年に全面講和の立場を全面的に展開した平和問題談話会の声明の中心的起草者の一人は丸山である。丸山の思想に多くを学んでいるものとして、本書とともに『丸山眞男集』をはじめとする丸山の著作を、今日的問題状況を意識しつつ読み返すことの重要性を指摘しておきたい。

二〇一〇年六月一八日

初出一覧

第一章　政治思想

憲法第九条の政治哲学的意味（『未来をひらく教育』第一三八号、二〇〇五年）
加藤節（かとう・たかし）

神の国発言と草の根国家主義（『未来をひらく教育』一二三号、二〇〇一年）
岩井忠熊（いわい・ただくま）

福沢の思想のおもしろさ――『丁丑公論・瘠我慢の説』をめぐって（『未来をひらく教育』七〇号・七一号、一九八七年）
〈対談〉古在由重（こざい・よししげ）・藤田省三（ふじた・しょうぞう）

日本思想史への新しい視角――統一戦線形成と知識人の役割（『未来をひらく教育』七三号・七四号、一九八八年）
古田光（ふるた・ひかる）

第二章　社会科教育の思想

高校で思想（史）をいかに教えるか（『民主主義教育』一六号、一九七四年）
古在由重（こざい・よししげ）

市民性教育の課題と新学習指導要領――社会科・公民科・地歴科及び総合的学習の関連・総合による民主的授業創造
高山次嘉（たかやま・つぎよし）（「未来をひらく教育」一二七号、二〇〇二年）

社会科を守る戦い
上田薫（うえだ・かおる）（「未来をひらく教育」八〇号、一九九〇年）

戦後社会科の理念と社会科の「解体」――何を受けつぎ、何を課題とするべきか（「民主主義教育」第一七号、一九七四年）
宇田川宏（うだがわ・ひろし）

グループ学習と児童中心主義（「未来をひらく教育」一一〇号、一九九七年）
川合章（かわい・あきら）

第三章　平和の思想

憲法五〇年と教育の課題（「未来をひらく教育」一一〇号、一九九七年）
樋口陽一（ひぐち・よういち）

人間の生死と日の丸・君が代問題（「未来をひらく教育」七五号、一九八九年）
山住正己（やまずみ・まさみ）

教科書裁判三二年と日本文化を語る（「未来をひらく教育」一一二号、一九九八年）
家永三郎（いえなが・さぶろう）

「パール・ハーバー、ヒロシマ、世界秩序」（「未来をひらく教育」一〇二号、一九九五年）
関寛治（せき・ひろはる）

アジアを見つめる開発教育（「未来をひらく教育」八六号、一九八三年）
松井やより（まつい・やより）

アブラハムの神とアステカの神の狭間で――価値観をめぐる断章（「未来をひらく教育」九六号、一九九四年）
古茂田宏（こもだ・ひろし）

現代教育の思想水脈

2010年7月20日　　初版第1刷発行

編　者　　全国民主主義教育研究会
発行者　　高井隆
発行所　　株式会社同時代社
〒101-0065　東京都千代田区西神田2-7-6
電話 03(3261)3149　FAX 03(3261)3237
組版／装幀　有限会社閏月社
印　刷　　中央精版印刷株式会社

ISBN978-4-88683-678-6